Let's Read 讀讀樂

Let's Read 讀讀樂

自然科技類

草上飛科學探險

故事・張文亮　　繪圖・溫麟玉

活動、導讀、教學運用・九年一貫課程教學研究會

未來世界歷險記

「那一夜，我飛得太快了！」怪盜草上飛說。怪盜草上飛的輕功是一流的，在武林道上沒有人敢跟他比較輕功飛行。他經常兩腳一提，就去如流星，而且在空中飛行，可以左彎右拐，寂靜無聲，進出看守再嚴密的城堡，也如入無人之地。他多次進出，志不在偷，而在玩耍，所以武林人士稱他爲「怪盜」；不過怪盜草上飛，經常抱怨的是自己輕功不夠快，沒想到他也有抱怨自己飛太快的一天。

會講話的房子

「怎麼啦？你飛到哪裡去了？」我問道。

「一下子衝太快，我好像……衝到了……未來的世界，看到了一些奇怪的事物。你是大學教授，也許你可以幫我解釋這些怪現象。」

「哦，未來的世界？那在什麼地方呢？」我對草上飛提到的「未來的世界」有一點興趣了。

怪盜草上飛聳聳肩說：「我也不知道，以前從來沒去過。我這次是衝到了一座大房子前。」

「那座房子有什麼不同呢？」

「太奇怪了！那房子竟然會說話，它會說：『有人來了！』」怪盜草上飛嚴肅的說道。

「房子會說話？那是一種新式的防盜警鈴嗎？」我感到很好奇。

「可能吧！過去沒有一種警鈴能夠偵測出我的活動。但是那個房子，有一種很特殊的功能，我的腳只是輕輕碰了屋簷的一角，那間房子彷彿會記憶這一個觸動；後來我在屋頂上輕輕滑行了幾步，房子似乎就能分辨這一連串的觸動是陌生的，因此立刻發出了警訊。」

「你是不是感覺整個房子就像水母那樣的敏感，一旦輕輕碰到它，它就會立刻警覺並起反應，甚至還把你彈出去？」

「對啊！就是這樣。我在屋頂上沒走幾步，就莫名其妙的被摔到地上了！」

「唔！眞是有趣的房子。這種未來的房子，大概每一塊磚瓦都像有機體一樣，能將每一個外來的碰觸力，轉換成電流的信號，再將這個信號接到電腦上。電腦可以根據輸入電流的強弱與不同時間下的訊號變化，分辨出碰觸者是不是陌生人。」我以我的科學背景，做了以上的想像。

「聽起來滿合理的，但是我怎麼會莫名其妙的摔下來呢？」

「可能是電腦下了指令，讓你站立的地方，摩擦力突然減低，你就會因爲站不住而摔倒了。」

「哇！好厲害啊！如果那麼神奇，以後蚊子、蒼蠅、蟑螂、老鼠，也不容易進到屋子裡了，因爲只要一碰到屋子，就會被彈出去了嘛！甚至連野狗也不敢隨便在屋邊大小便了，因爲一碰到牆角，大小便都會被彈回來。」草上飛聽我說完，做了其他的註解。

我笑著點點頭，看來孺子可教也！

「後來呢？」我還想聽聽他其他的遭遇。

機器人大隊

「不久，房子裡就衝出了一些機器人。」

「機器人？他們長得什麼樣子？有沒有對你怎麼樣？」我問。

「他們有大、有小、有胖、有瘦、有高、有矮、有黑、有白，還有彩色的呢！他們有的拿鏟子，有的拿澆花用的水壺，有的拿垃圾筒，有的拿掃把，還有一個機器人連車子都抬出來了；不過看來還算是友善。他們好像是趁著晚上，在做一些清掃的工作。」草上飛講得嘴角都在冒泡了。

「看來未來的人不用請佣人了，全部的家事都有機器人代勞。」

「我還看到一隻機器狗，眼睛像潛水艇的探測鏡一樣，能夠前後伸縮自如。」

「我想這些機器狗一定是用來看家的。眼睛的設計是爲了觀看三度空間的立體影像，以便更精確的分辨來訪者的高矮、胖瘦，甚至連和來訪者之間的距離，說不定都可以估算出來呢！」

「還有一點我覺得很好玩，這隻機器狗在轉身時，它的身體可以像蛇一樣快速起伏扭轉，不像一般的狗只能前進、後退。」

「看來，未來的機械製造，不僅可以讓機械手臂和機械腿更靈活運動，而且體內的機械脊椎，還可以做得像蛇一樣，每一個關節都可以任意彎曲；眞是進步啊！這隻機器狗有沒有咬你？」

「沒有！我甚至覺得牠好像還對我微笑呢！很友善的樣子。」

「哎！看來未來的世界是很和平善良的。因爲擁有高科技後，如果人類不和平共處，反而互相殘殺，一定會因高科技而毀滅掉自己的。」

「雖然這隻機器狗很友善，但我還是花了很大的力氣才擺脫它，並趁它不注意時，溜進屋子裡瞧瞧！」

把動植物養在家裡

「大房子裡面有什麼呢？你趕快講。」我對他說的越來越有興趣。

「我溜進一個房間裡，幾乎與一隻豬相撞。」

「與豬相撞？你是溜進豬舍裡了嗎？」我覺得有一點好笑。

「我定睛一看，才發覺這房子裡有一個巨大的溫室，溫室裡有一片森林，森林裡有許多的動物，森林旁邊還有小溪淙淙流過。教授，你知道未來的人類爲什麼要與動植物一起生活嗎？」

「人類本來就喜歡與動植物同住，這點他們是回歸原始咯！那裡的空氣如何呢？」

「很新鮮啊！我以爲養了豬應該會很臭，可是那裡一點都不臭……。」

「可能溫室裡有高效率的空氣調節系統吧！所以能除去豬的臭味；也可能他們利用豬的排泄物，做成對植物生長有幫助又不會發臭的有機肥料。或者你遇到的是一隻改良過的新豬種，不會有臭味。不過豬是很容易受到驚嚇的動物，你快要撞到牠時，牠沒有大叫把主人吵醒嗎？」

「還好也！我看那隻豬滿鎮定的。」

「唔！那可能是基因改良後的成果。能讓豬看到陌生人也不害怕，眞是太先進了！」

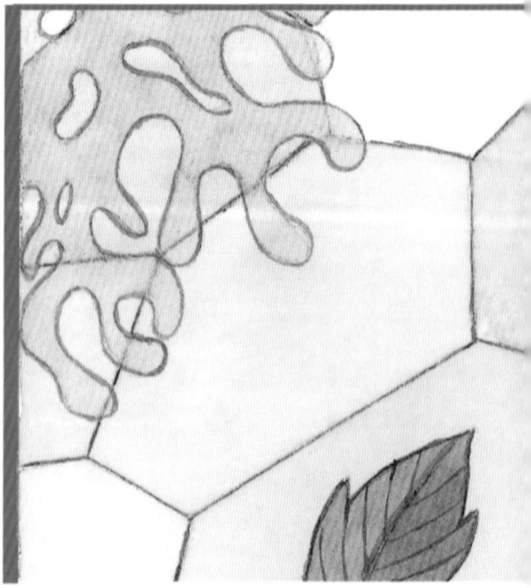

治病果樹

「我還發現一點眞的很有趣喔！那裡的果樹好像可以治病呢！」草上飛的眼睛又亮了起來。

、「怎麼說呢？」

「我看到一棵蘋果樹，樹下有個牌子，好像是說吃了這棵樹的果實可以治療感冒；另外還有一棵梨子樹，也有一個牌子，說這梨子可以治療疲倦。我跑了一個晚上，也累了，就摘下一個來吃……。」

「怎麼樣？」沒想到草上飛還吃了未來的東西呢！

「美味極了！一吃果然精神百倍，我好像增加了一甲子的功力呢！」

「大概未來的藥品已經用基因轉植的技術，將藥效植入水果中。所以生病時，只要吃水果就可以治病了；而且吃起來只有水果的香甜，沒有苦苦的藥味呢！

不過，我很好奇，果樹生長需要陽光進行光合作用，需要水來灌溉；溫室裡是用什麼光源？水又是怎麼來的？」

省水省電系統

「嗯！溫室裡有光，但我不知道從哪裡來的。奇怪的是，那邊看不到電線桿和變電箱之類的東西，也沒有水管等可以灌溉用的裝置。」草上飛也不太懂。

「大概溫室外已經有太陽能收集板和電能轉換器，來解決光源的問題了。而在封閉的溫室中，地上的水和葉子中的水蒸氣，在溫室裡冷卻後，會再凝結成水，我想溫室裡應該是有一個高度節約的用水系統在運作。」

外太空巴士

「我在裡面也沒看到半點垃圾吔! 害我吃完的水果核也不敢亂扔。」

「未來應該已經製造出使用後可以回收、分解的材料了。你有遇到任何人嗎？」

「沒有吔! 我也覺得納悶。在房子裡四處瞧瞧後，我又偷偷的躲開那些機器人溜了出來，外面也很有趣呢！我看到有到外太空旅遊的巴士站，是機器人在駕駛的。太空巴士可以前往月球、火星、

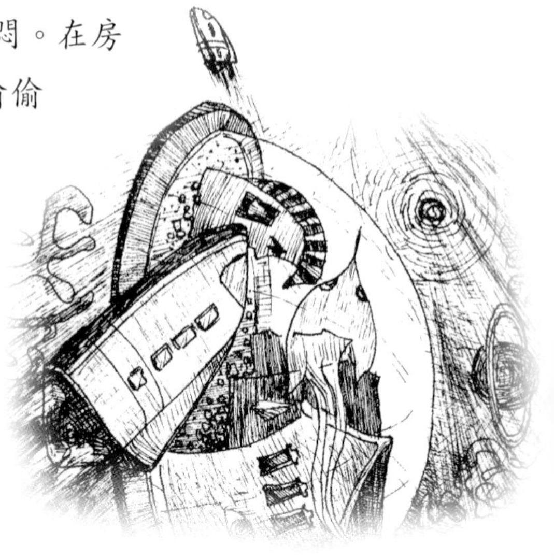

火星的衛星等，而且巴士回來的班次很頻繁。我想這大房子裡的主人，可能是到別的星球度假了。」

「到外太空旅行！眞令人羨慕啊！所以你在未來世界沒遇到任何人？」

「有，我遇到了一個警察。」

「警察？」

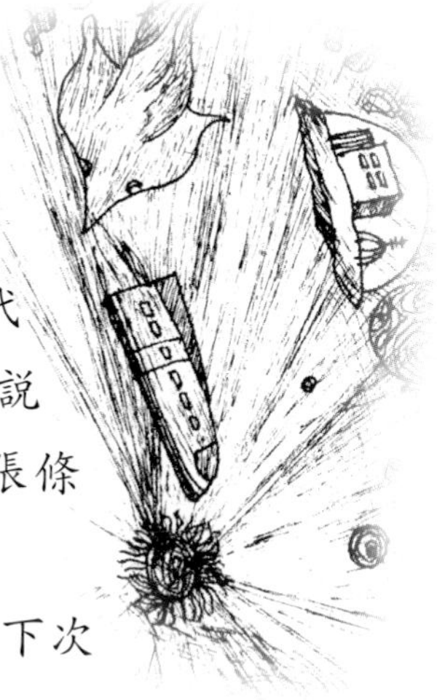

「我看天快亮了，正準備飛回來時，被他們的警察抓到了，還被開了罰單，好在他沒發覺我不是他們那個年代的人！」草上飛邊說邊從身上抽出一張條碼。

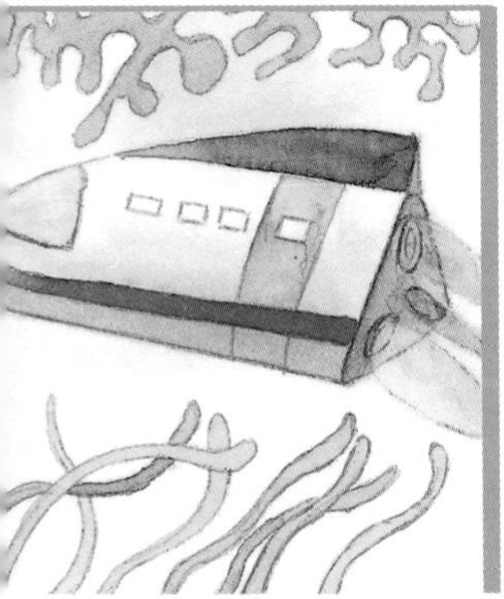

「哈哈，建議你下次還是放慢速度吧！」

「才不是呢！警察開罰單，是因爲我的速度太慢了，妨礙交通流量。」

「看來未來的社會進步多了，下回你要去時，找我一起去見識見識！現在，慰勞你昨夜的辛苦，我請你吃碗陽春麵吧！」我拍拍草上飛的背說。

「不知道在未來的世界裡，吃陽春麵可以治什麼病？」我大笑著敲敲他的腦袋，看來，草上飛對未來的世界深深著迷了。

跟著一隻蚊子去飛翔

遇到草上飛時，他正從超商走出來，手上還拿著一瓶沙士飲料。

「是不是飛翔得太厲害，口渴啦？」我好奇的問道。

「是啊！跟那個傢伙比賽飛行，是很累人的事。」草上飛開了飲料的瓶蓋。

「是誰這麼厲害，會讓草上飛追到累呢？」

「蚊子！」草上飛用很敬佩的口氣說道。

「一般人打蚊子都是在蚊子停下來的時候，你竟然去追逐一隻蚊子。」我覺得草上飛有一點可愛。

「那一天，我用壁虎功，貼在一個大房間的天花板上，我想全世界大概除了壁虎外，沒有人能像我倒懸在天花板上。正得意時，我才發現我旁邊也倒懸著一隻蚊子。」

「蚊子倒退著飛，甚至能把身體倒過來飛，所以能夠翻過來倒掛在天花板上，而且蚊子腳上的毛多，可以幫助牠站穩在天花板上。」我解釋道。

「我當年唸生物學時，怎麼沒有讀到這一段？後來我看到這隻蚊子起飛，就去追牠。」草上飛累得喘一大口氣後，又喝了一大口沙士。

「追到了沒有？」

「開始是追不到，蚊子起飛完全沒有預備動作，振翅就飛，而且振動頻率非常的快，快到傳出嗡嗡的聲音。」

「是的，蚊子翅膀的振動次數每秒鐘可達三百次，而且飛行的速度每秒鐘可達兩公尺遠。」

「眞沒有想到這麼小的昆蟲，可以飛得這麼快。」草上飛仍心有餘悸。

「主要是蚊子有一套極爲精巧的飛行設計，蚊子的一對翅膀又長又窄，振動的角度很大，能夠快速的振動空氣，並把前面的空氣搧到後面，使得後面的空氣壓力，大於前面的空氣壓力，前後的空氣壓力差就使得蚊子可以迅速的騰起、向前，蚊子改變翅膀的角度，就可以轉彎、倒退，甚至倒過來飛。」

「哦！我的輕功就缺倒著飛這一招。」草上飛讚嘆道。

「而且在蚊子的後胸部有兩塊瘤狀的凸出點，就像是飛行時的平衡桿，無論在空中如何飛翔，都能保持平衡。」

「太神奇了！」

「蚊子頭部有兩隻觸角，就像飛航的偵測裝置，能夠感受到空氣的振動、空氣的濕度與東西的味道，能將收到的訊號轉成電流傳到肌肉，藉著胸腔的肌肉運動，改變翅膀角度與振動速度。」

「這眞是完美的構造。」

蚊子

- 蚊子的種類約有2500種，大多分布在熱帶與溫帶地區，人類在2300年前的希臘時代，就有蚊子會致病的說法。蚊子傳布的瘧疫，是地球上沼澤地區，最致命的傳染病。
- 蚊子的英文字mosquito，原來是西班牙語，意即「會飛的小蟲」，蚊子的善於飛翔與其翅膀肌肉特別發達有關，而且便利身體內氧氣的輸送，與熱量的散失。
- 蚊子在低溫飛翔時，身體的溫度與空氣的溫度相差愈多，體熱的散失愈快，消耗體能愈多，所以蚊子大多是在孵化地點1公里半徑之內移動，很少會飛到10公里以外。爲此，減少蚊子不只需要家庭性的努力，更要有鄰里間的共同合作，除去積水，暢通排水，減少蚊子生長的地方。

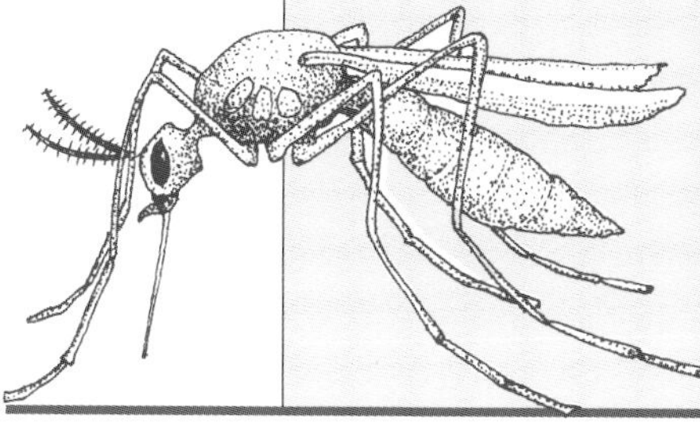

「還有呢，蚊子可以非常準確的定點著陸，而且著陸時，全無聲音。」

「這是最高段的輕功呢！」

「還有，蚊子的血管遍布翅膀各處，所以快速飛行時，能夠立刻散熱。」

「難怪，我沒有看過蚊子邊飛邊喘氣，邊流汗。」

「而且呀，牠的體型細長，又是流線型，眞是所有飛航器設計的絕佳典範。」

「好吧！這樣我輸給蚊子也不自卑了。難道就沒有方法贏牠？」

「蚊子還是有弱點，牠在攝氏15℃以下，怕散熱太快，就不飛翔了。」

「哈！下次我在冷氣房裡挑戰牠。」

「或是對牠吹電風扇，蚊子就難以飛翔了。」

讚美豬鼻

「那是一條非常特殊的飛行路線。」草上飛對我說。

「怎麼個特殊法？」我故意問道。

「就是飛到豬鼻孔裡的航道。世界上各國的飛機場都沒有標示出這條航道，而且也沒有聽說有旅行團到此航道一遊的，這條豬鼻航道有夠特殊。」草上飛一本正經的說。

「我知道豬鼻航道不僅特殊，而且非常的重要。」我也一本正經的呼應道。

「重要？」草上飛不解的問道。

「如果沒有豬鼻航道，空氣就無法經過豬的鼻孔，進入豬的肺部，必須要有通暢的豬鼻航道，否則豬就無法呼吸。」我答道。

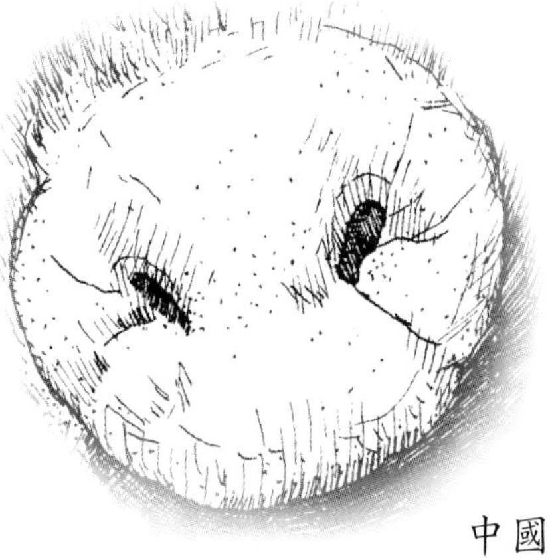

「豬若無法呼吸，就不能存活，豬若不能存活，人就沒有豬肉吃，也沒有滷肉飯可吃了。」草上飛繼續推論下去。

「是的，自從六千五百年前中國人開始養豬，豬就成爲人類肉品的主要來源之一，豬鼻航道是莫大的功臣呀！」我讚嘆道。

「哦，我曾多次在豬鼻航道飛行過，卻沒有體會到。」

「許多人認爲豬鼻的模樣很滑稽，卻很少人知道豬鼻的構造奇妙，對於保持豬鼻航道的通暢，有很大的貢獻。」

「是嗎？我就以爲豬鼻子不過是臉上凸出的一段醜陋的管子而已。」

「豬經常在地上打滾，比較長的鼻子可以有效的過濾去這些空氣中的灰塵，免得灰塵進入豬的肺部。」

「對啊！難怪豬鼻孔裡有許多濕答答的細毛，原來有過濾的功用。」

「不僅是灰塵，連細菌、花粉、飼料殘渣也可以過濾。你看，豬常用鼻子攪拌飼料，但是不會吸入食物。」

「咦，彷彿是這樣子，幸好我不用鼻子拌飯。」

小豬仔

豬的外表，長鼻、肥胖、短腿、短尾，看來有一點滑稽，但是豬是人類飼養最多的家畜之一，原因是豬容易飼養，人吃的食物，豬也吃，飼養豬的地方不大，豬的體重增加很快，除了豬骨與豬毛之外，豬的每一個部分都可以被人取來食用，是肉品利用率最高的家畜。

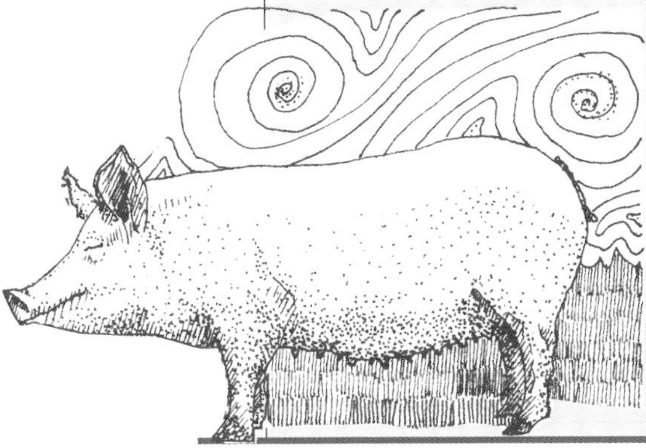

豬的鼻子幸好柔軟，如果是一根硬管，很容易折損，對於豬的攝食也會造成很大的困擾。但如果豬鼻太柔軟，力量不夠，也會阻礙攝食，所以豬鼻軟硬適合是很重要的結構。

「而且，豬的鼻孔裡有許多嗅覺的感應細胞，能夠非常靈敏的偵測出不同食物的味道。所以愈長的鼻孔，可以生長愈多的嗅覺細胞，嗅覺也愈靈敏。」我繼續解釋。

「豬就是嗅覺好，難怪各種食物都能吃得津津有味，也愈吃愈胖。」

「是的，如果沒有好的嗅覺去佐配豬的好胃口，對於豬的生存是一大遺憾。」我解釋道。

「教授，你好像懂豬的心理學似的，豬可能很容易滿足，所以睡覺時打鼾總是那麼大聲。」草上飛也會稱讚人。

「豬的肺部體積比人大許多倍，所以豬有很大的肺活量，加上豬的鼻管長，兩個鼻孔也大，像樂器一樣的進氣與出氣就可以發出大而低沉的聲音。」

「但是拉豬耳朵時，爲什麼豬又發出高而尖銳的高音？」草上飛又問道。

「那是豬鼻子後有一根小管，與豬的耳朵相通，可以保持豬的平衡。所以拉豬耳，會影響豬的平衡，豬一緊張，鼻孔就縮小，通過鼻管的氣體又細又快，就發出高音來。」

「沒想到一段豬鼻還有這麼多的學問，豬鼻裡的氣流變化這麼複雜，難怪很少有豬鼻航線。」

「豬鼻内的變化多，但是豬鼻的外型有一點波浪型的折痕，就像彈簧一樣，可以挖東西，又不會被扭到。」

「眞好玩，下一次我到豬鼻航線，會多表示一點讚美與尊敬。」

如何欣賞一隻蟑螂？

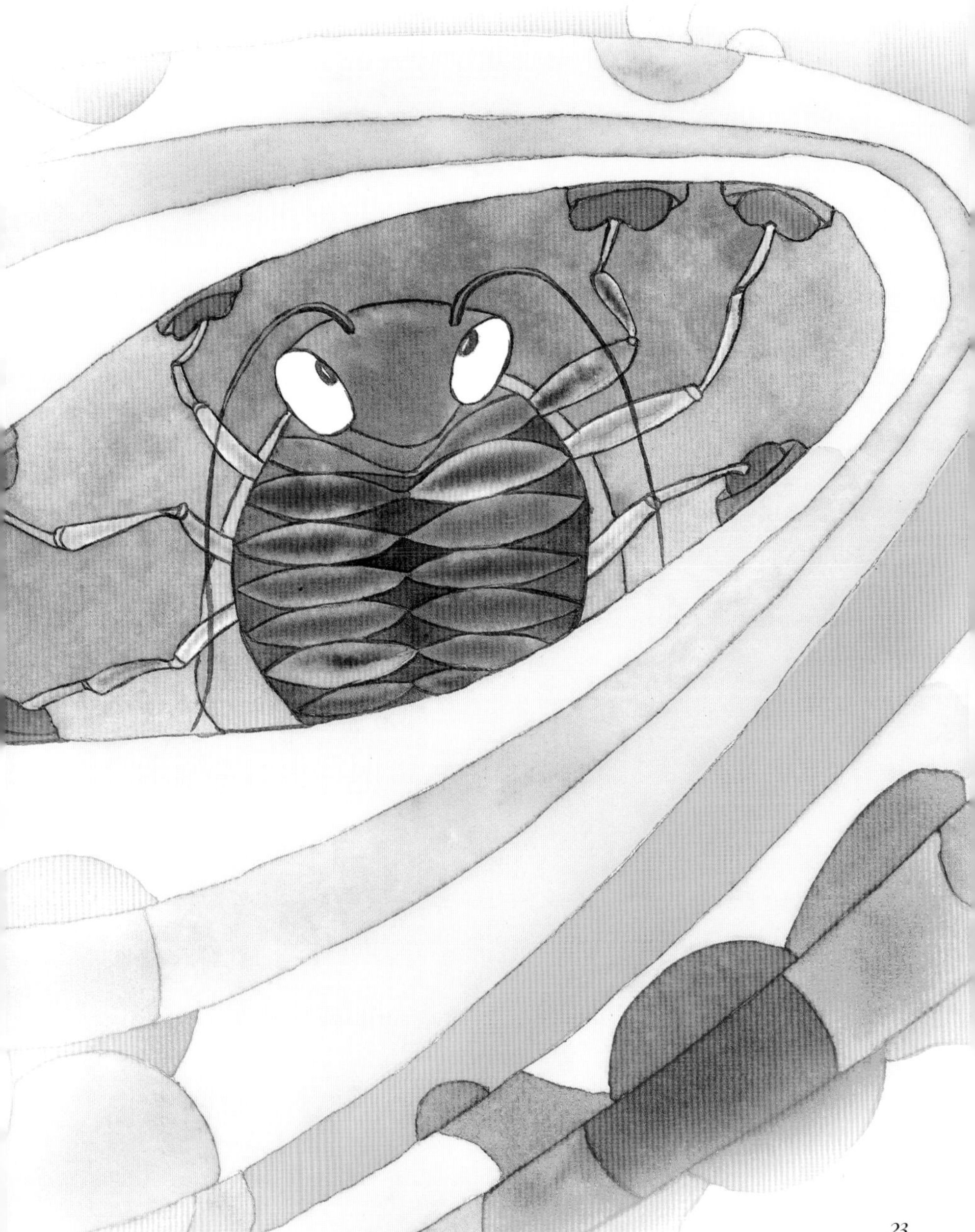

「在武林界，能夠像我，對各機密要塞、金庫，隨意穿堂入室、任意進出的高手，只有一位。」怪盜草上飛說道。

「是哪一位高手呢？」草上飛的開場白，總是令人著迷。

「既不是東瀛來的忍者，也不是西域來的魔客，而是家家户户，隨處可見的蟑螂。」

「蟑螂？嗯……有意思。」我一邊聽，一邊思考。

「君不見再高的大樓，蟑螂還是可以爬進去。再嚴密緊閉的房子，蟑螂還是可以鑽進來。蟑螂眞是我可敬的對手，只是在武林界，蟑螂沒有得到一分牠應有的尊敬。」

「我想蟑螂這麼喜歡爬進房子，與人同在，一定是有原因的。」

「什麼原因呢？我以前的課本就是沒寫這一段。」草上飛一臉無辜的問道。

「蟑螂本來是住在地下道裡，卻羨慕一個更美的家鄉，就是在我們的住家。一定是想上來吃好的、喝好的。」我說道。

「那蟑螂怎麼爬進來呢？」

「或藉門縫，或沿水管，或藏在紙箱，或攀在電梯下，或爬窗台，或鑽上天花板。有縫鑽縫，有洞鑽洞。

君不見蟑螂的身體扁平，剛好可以穿越門縫缺口處；君不見蟑螂腳爪有力，垂直的磁磚也可爬上去；君不見蟑螂

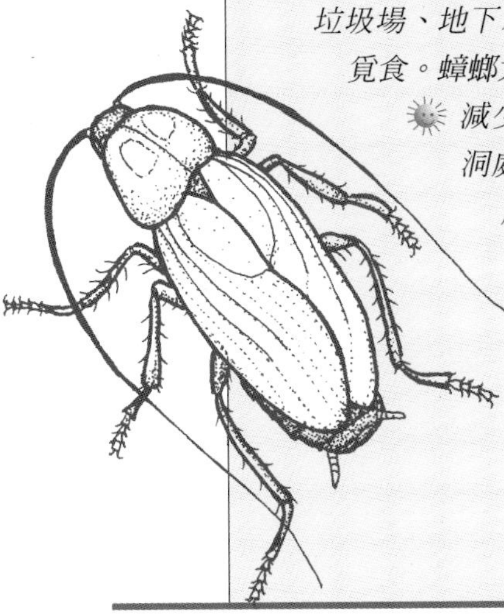

蟑螂

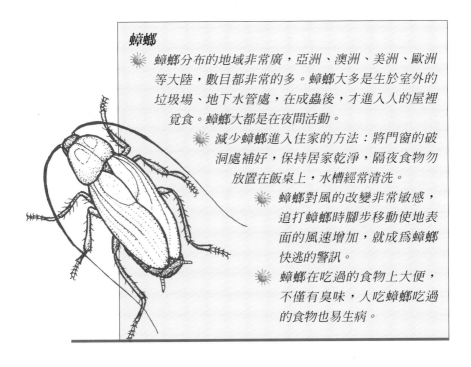

- 蟑螂分布的地域非常廣，亞洲、澳洲、美洲、歐洲等大陸，數目都非常的多。蟑螂大多是生於室外的垃圾場、地下水管處，在成蟲後，才進入人的屋裡覓食。蟑螂大都是在夜間活動。
- 減少蟑螂進入住家的方法：將門窗的破洞處補好，保持居家乾淨，隔夜食物勿放置在飯桌上，水槽經常清洗。
- 蟑螂對風的改變非常敏感，追打蟑螂時腳步移動使地表面的風速增加，就成爲蟑螂快逃的警訊。
- 蟑螂在吃過的食物上大便，不僅有臭味，人吃蟑螂吃過的食物也易生病。

向前衝時，身體重心壓低，與美式足球比賽裡，持球員的衝鋒陷陣，同一姿勢；君不見蟑螂沒事時，總用前足，磨擦身體，保持全身乾淨，如此前衝，才能身無重擔，有爆發力又有持久力。」我滔滔不絕的說道。

「難怪，有縫的房子就擋不住牠，而沒縫的房子，通風不良，人又不能住。」草上飛接口道。

「在家裡，蟑螂的陷阱就是床底，或是沙發底下。」

「爲什麼呢？」

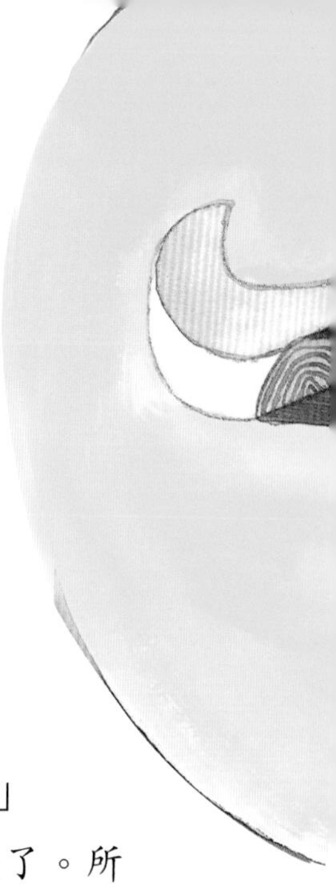

「因爲那裡的灰塵多，蟑螂鑽進去全身沾滿灰塵，反而跑不動了。」

「但是，很多人追打蟑螂只到床邊、沙發椅邊，打不到就放棄了。」

「這叫功虧一簣。還有蟑螂的生命力很強，被人拍打到，也會裝死，等到人沒有注意時，又一拐一拐的逃走。」

「難怪有時踩死的蟑螂，隔天就不見了。」

「不過，有時眞是死了，屍體被螞蟻搬走了。所以打蟑螂，最好確定收拾乾淨，以免昆蟲滋生，家裡保持乾淨，也可以減少蟑螂進來的誘因。」

「所以家裡要打掃清潔，又要常倒垃圾。」草上飛明白了。

「不過觀察蟑螂可以學到很多，看蟑螂的藏身之道，看蟑螂的奔跑之法，看蟑螂的機警與僞裝，我不得不佩服蟑螂有很強的生命本能。」

「那你打蟑螂嗎？」

「當然，因爲牠進到不是屬於牠的地方了。不過，下一次看到蟑螂時，不要只是嚇得大叫，而是觀察一眼，再冷靜的拿起掃把，追過去！」

鼷鼠的危機

「教授，你聽過生長在斯堪的那維亞半島的鼷鼠嗎？」草上飛的問題總是很奇特。

我抽出幾本百科全書，翻查一下，「我沒有看過這種老鼠，但是資料上寫著這種生長在北歐芬蘭草原上的鼠類，有相當快速的繁殖率，雖然牠們的壽命只有二年，但是這期間可以繁衍十二代，如果每一代以四隻小老鼠計算。一對鼷鼠可以繁殖一千七百萬的後代。唔…這相當於台灣人口的數目。」

「但是，我在斯堪的那維亞半島飛行時，遇到了一隻像「貓頭鷹」的鳥，牠帶我在當地的草原上飛行，我並沒有看到那麼多的鼷鼠啊？」

我望著遙遠的天邊，想了一陣才說：「你遇到的鳥類可能是一種接近寒帶的雪鴞（snowy owl），這種鳥類能夠自高空之處，非常準確的看出地上鼷鼠的行蹤，並且追蹤痕跡前往覓食，這才大大的減少鼷鼠的數目。這是生態界有趣的生物平衡。」

「但是，鳥飛得那麼高，怎麼看得到草叢裡的鼷鼠呢？」草上飛不解的問道。

「這是科學家們也在思索與實驗的問題。」

「是不是風吹草低見鼷鼠呢？」

鼷鼠

- 鼷鼠是生長在寒帶的老鼠，全身的毛很長，尾巴幾乎與身體等長，主要以草與樹木的種子爲食物。其巢穴大都是在草叢下，或是在森林地下，大雪覆蓋天地的時候，鼷鼠仍然可以在冰雪下築巢。在春天冰雪融化後，大量的鼷鼠爲了尋找新的食物區域，會有群體遷移的現象，有時會群集進入水中，最後淹死在海裡，鼷鼠是會游冰的，只是牠們游錯了水域。
- 雪鴞是在寒帶最大的鳥類，成鳥的重量可達2.5公斤，身高50公分，展翅有150公分長。雪鴞的毛很厚，全身雪白，夾有黑色斑點，即使空氣溫度降到零下50℃時，雪鴞的體溫仍可高達40℃。雪鴞大量捕食鼷鼠有維持生態平衡的功能，否則鼷鼠會減少冬季後森林與草原的復生。

「那沒有風的日子，雪鴞就要餓肚子了。雪鴞的覓食能力與風沒有關係，而與雪鴞的視力有關。」

「牠的視力很好吧？」

「不只是視力好而已，雪鴞能夠看到紫外光的範圍，這是人與老鼠的眼睛看不到的光線範圍，但是雪鴞能看到。」

「哇！眞厲害。」草上飛驚呼道。

「這是關鍵的所在。鼷鼠非常的小，雪鴞在高空是不容易看到，但是鼷鼠非常喜歡到處跑來跑去，每到一處就尿尿，當做牠活動範圍的標示。這些尿會吸收紫外光，雪鴞看到紫外光，就知道那邊有鼷鼠在活動，紫外光反應愈強的地方，鼷鼠的數目就愈多，愈能吸引雪鴞的前來。」

「沒想到鼷鼠的致命危機，就在牠過度頻繁的到處尿尿。」

「所以鼷鼠不能隨意養在家裡當寵物，因爲牠四處尿尿對家裡的衛生環境也不好。」

「好吧！我要回家了。我回家第一件要做的事，就是訓練我家的狗狗在一定的地方尿尿。」草上飛一說完就快速飛走了。

他顯然也很急。

教水黽跳芭蕾是很困難的事嗎？

水黽的姿態很優美

「我最近想開一所學校。」草上飛興沖沖的説道。

「什麼樣的學校呢？」我好奇的問道。

「教水黽跳水上芭蕾的學校。」草上飛很正經的説道。

「爲什麼要教水黽跳水上芭蕾呢？」我還是好奇。

「理由有三：第一、目前世界上沒有一隻水黽會跳水上芭蕾舞；第二、會跳水上芭蕾的沒有一個是水黽；第三、水黽應該會在水上跳芭蕾。」草上飛用自己的指頭點數道。

「很奇怪的推論法，不過你怎麼教水黽跳呢？」

「我也不知道，所以才來問教授嘛！」草上飛在耍賴。

「教水黽跳舞的確是一種有趣的構想。水黽會聽話嗎？」我有點不放心。

「我答應事成以後請水黽們喝甲蟲汽水，所以水黽肯合作。」草上飛蠻自信。

「看來你對水黽有若干認識。水黽在水面攝食的方法，是用前面兩足抓取落在水面的昆蟲，再低頭吸其體液。」

「爲什麼水黽的吃相是這副模樣？」草上飛問道。

水黽

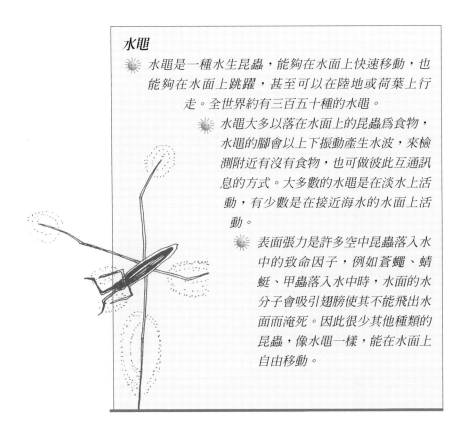

水黽是一種水生昆蟲，能夠在水面上快速移動，也能夠在水面上跳躍，甚至可以在陸地或荷葉上行走。全世界約有三百五十種的水黽。

水黽大多以落在水面上的昆蟲爲食物，水黽的腳會以上下振動產生水波，來檢測附近有沒有食物，也可做彼此互通訊息的方式。大多數的水黽是在淡水上活動，有少數是在接近海水的水面上活動。

表面張力是許多空中昆蟲落入水中的致命因子，例如蒼蠅、蜻蜓、甲蟲落入水中時，水面的水分子會吸引翅膀使其不能飛出水面而淹死。因此很少其他種類的昆蟲，像水黽一樣，能在水面上自由移動。

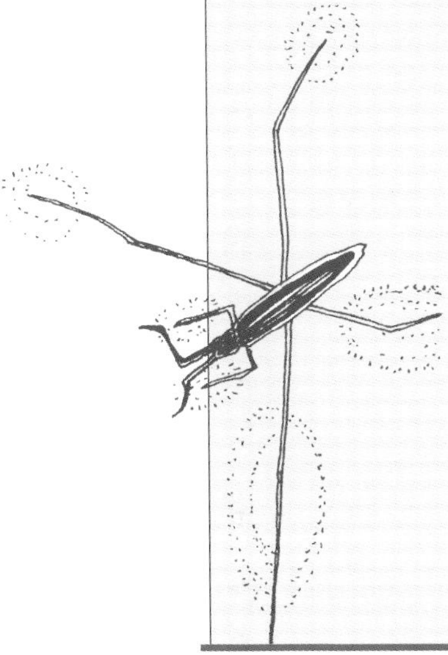

「如果水黽將食物取出水面，食物的重量就會落在水黽的前足上，水的表面張力無法承受這略增的重量，水黽會沉入水中，甚至有淹死的危險。所以水黽吃東西是以嘴就水面的食物，而非提起食物，就像人用吸管喝放在桌上的汽水一樣。」我說明道。

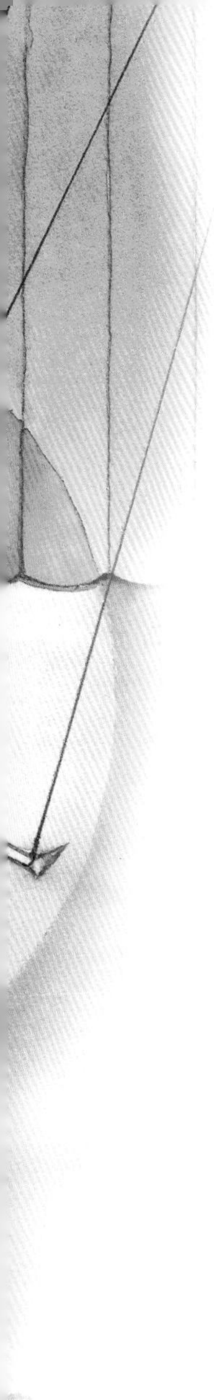

芭蕾舞的基本動作

「看來我問對人了。那我怎麼訓練水黽的前後移動呢？」草上飛繼續問道。

「水黽的前後移動主要是靠牠中間的長足，像是船的左右兩支划槳一樣，可以向前移動。水黽的後面兩足像是船隻後面的舵，可以平衡身體的前進速度，與產生煞停的效果。所以給水黽向前的誘因，水黽就會往前。」

「那水黽會左右轉身嗎？」

「水黽的右邊兩足不動，左邊中間的第二足一划動，身體就向右轉。同理左邊兩足不動，右邊中間的第二足一划動，身體就向左轉。」我用手腳代表水黽的中後兩足，模擬水黽移動的方式給草上飛看。

「那水黽能夠像芭蕾舞舞員上下飛躍嗎？」草上飛很有求知精神，繼續問道。

「水黽在水面上的跳躍，就像人在彈簧床上的彈跳。這是生物界的有趣觀察項目之一。因爲很少有生物能夠在水面上自由移動，在水面上能上下彈跳的更少。」

「這是爲什麼呢？」草上飛不解的問道。

「水黽的運動可以證明水的表面張力作用。當水黽的腳接觸水面的時候，那是自然界裡非常巧妙的力學平衡，水黽身體的重量，剛好均勻的分散在六隻腳上，而這分散的力量小於水的表面張力。」每當說到生物科學的美，我就像剛吃了碗好吃的滷肉飯，滿心樂陶陶的。

奇妙的110度

「什麼是水的表面張力呢？」草上飛問到關鍵的問題了。

「如果你拉一條橡皮筋，橡皮筋的表面就產生一個張力。拉得愈緊，橡皮筋表面的張力就愈大，這時候橡皮筋表面就能承受少許向下的壓力。水與水的吸引力大於水與空氣的吸引力，所以在水面上如同拉緊的橡皮筋一樣，產生表面張力，這個張力足夠支撐水黽的重量，也能撐住水黽在水面上彈跳的力量。」。

「太妙了！」草上飛驚嘆道。

「是的，這是一種完美的設計，才會這麼巧妙。水黽的腳有些蠟脂，所以不會被水所浸濕，否則水黽只能站在水面上而不能移動。而水黽的腳踏在水面上，與水面成110度的夾角，如果夾角到180度，水黽才會沉到水裡去。在180度之前，水黽在水面上無論怎麼彈跳，甚至像芭蕾舞者一樣，母水黽舉起公水黽，在水面上飛舞，只要注意到自己的腳與水面的接觸角小於180度，就是安全的。」

未來的芭蕾

「對不起，教授。在芭蕾舞的世界裡是男舞者舉起女舞者，你怎麼說成母水黽舉起公水黽呢？不太符合古典與現代芭蕾。」草上飛中斷我的長篇大論。

「在水黽的世界裡，女性是比男性體積大而且有力的。」我解釋道。

「喔！看來我要趕緊更改我的芭蕾舞劇本，讓女性護衛男性，這可是未來的芭蕾呢！末了，我還有一個請求。」

「什麼請求呢？」科學家總是大方的。

「我剛剛看教授揮動的舞姿優美，能否加入水黽芭蕾舞蹈團呢？」草上飛問道。

追蹤蝙蝠俠

倒掛睡覺的原理

遇到草上飛時，他正把自己倒掛在樹幹上。

「怎麼了？草上飛。」我問他。

「我在學習蝙蝠的睡眠法。」草上飛說道。

「感覺怎麼樣呢？」我覺得草上飛有點可愛，尤其他用腳倒掛在樹上時，衣服往下掉，白白的肚子都露出來了。

「很不舒服、想吐、頭昏，看東西都顛倒，眞不明白蝙蝠爲什麼選這種姿勢睡覺？」草上飛吃力地在空中轉個身才落到地上，差一點摔得四腳朝天，「 你看，都是頭昏使我失去平衡」。草上飛的輕功美名，差一點毀於這一摔 。

我卻差一點笑出來，「因爲你的身體結構與蝙蝠不同。」

草上飛拍拍身上的灰塵，咕噥道：「有什麼不同呢？蝙蝠穿黑色的大衣，我也是黑色的一身勁裝。」

「關鍵不在外表，而在肌肉的結構與飛翔的方法。蝙蝠腿部肌肉非常的弱，沒有辦法支撐牠身體的重量 。」我開始解釋 。

「難怪，蝙蝠落在地上時，就無法站起來飛翔。」草上飛若有所悟 。

「是的，因爲不能站，順著地球重力方向，倒過來睡，反而舒服。幸好，蝙蝠的腳趾非常有力，一點點的凸出點就能抓得住。而且小蝙蝠在出生後，就有一雙有力的腳趾，能抓得住山洞的洞壁，或樹洞裡的凸出點。」

蝙蝠不會腦溢血

「有意思，但如果蝙蝠的腿部那麼沒力，爲什麼不乾脆像人一樣，躺著睡呢？」

「蝙蝠的翅膀比身體長，如果躺著睡，翅膀一張開就碰到地上，沒有辦法打開翅膀飛翔。所以在空中顚倒著睡，是蝙蝠最舒服的姿勢，也最方便飛行啓動。」

「那蝙蝠這樣顚倒著，牠會不會頭昏或腦溢血呢？」

「不會的，血液的流動是靠著心臟的運動，與身體怎麼擺無關。我們經常頭上腳下，血液也不會一直累積在腳底。我們不習慣像蝙蝠那樣顚倒著，所以顚倒就會頭昏。」遇到這麼會問問題的草上飛，我好像愈說愈起勁。

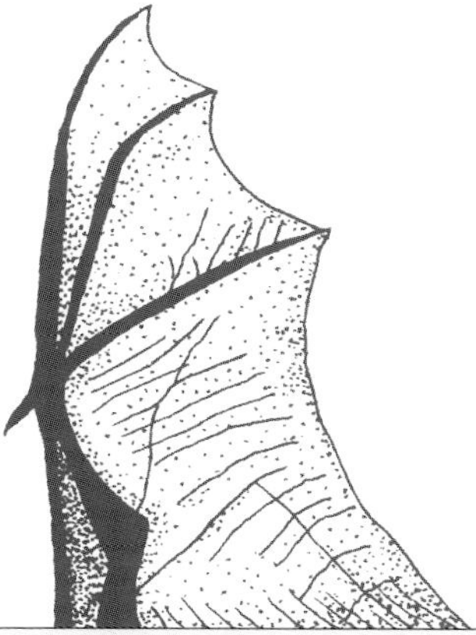

蝙蝠

- 蝙蝠是唯一會飛翔的哺乳類動物，全世界約有九百多種蝙蝠，蝙蝠主要以昆蟲爲食物，如果一個地區的蝙蝠減少了，當地的昆蟲可能會氾濫成災，所以蝙蝠是生態平衡的關鍵者。
- 蝙蝠的翅膀是前爪四指伸長的翼膜，第五指仍爲爪狀。最大的蝙蝠雙翼伸開可達1.5公尺寬，蝙蝠的翅膀都是黑色的。
- 蝙蝠的鼻子尖尖，鼻孔有薄膜，薄膜的快速震動可以發出頻率很快的超音波，超音波碰到周遭的物體回震後由蝙蝠的耳朵接收就可以分辨周遭，這稱爲「回聲定位法」。

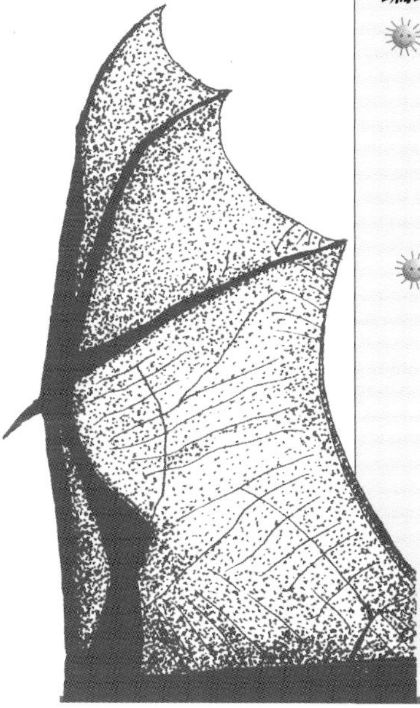

極高難度的午夜飛翔

「沒想到我昨夜追蹤的黑衣大俠——蝙蝠，還這麼有本領。」草上飛顯然有點敬佩蝙蝠了。

「在黑夜中要追蹤蝙蝠，是高難度的飛行。」

「找個厲害的對手，才能看出自己的飛行技巧好到什麼地步。」草上飛一講到他的飛行，就有一點自豪了，忘了他剛剛差一點摔到地上的不雅姿勢。

「蝙蝠能夠在空中瞬間的上下、轉彎，以追捕空中的飛蛾。」我說道。

「這個本領我也會。」

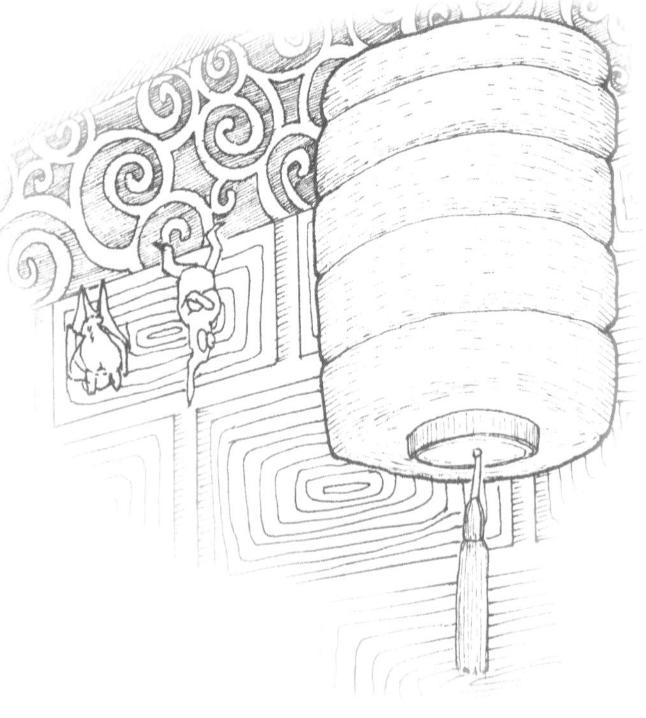

「蝙蝠能夠聞風辨識氣流大小，飛的可近可遠。」

「這個本領我也能。」

「蝙蝠能夠由鼻子發出超音波訊號，超音波碰到物體的反射聲音，可以被極靈敏的耳朵接收，再分辨前後。」

「這個……我不能，難怪幾次我幾乎撞到牠，牠卻能迅速閃開。」草上飛的可愛，就是坦白。

「這種利用聲音反射，知道黑暗中的飛翔方位，是蝙蝠的特殊本領，是一種奇妙的功能。」

蝙蝠的世界並不顛倒

「但是蝙蝠不是被講成午夜恐怖的前奏，或是會吸人血的可怕惡魔？」草上飛問道。

「那是好萊塢電影或是恐怖小說所散播的錯誤信息，蝙蝠對於農作物極爲有益，因爲牠大量的吃昆蟲。世界幾百種的蝙蝠中，只有一種蝙蝠會吸血，那是牛與羊的血，蝙蝠不會吸人的血。蝙蝠是控制昆蟲不會多到氾濫成災的功臣之一。」我答道。

「原來蝙蝠是午夜的天使，過去錯怪牠了，以後我看到蝙蝠會說……」

「晚安，蝙蝠。」我們同聲說道。

尋找清晨的鳴唱者——綠繡眼

櫻花中的舞者

初春是個美麗的季節，尤其朵朵深紅的櫻花，綻放在微寒的北風下，讓人覺得生命的活力一定可以走出冬日的陰霾。成群的小鳥就在櫻花叢中覓食，我在櫻花樹下邊走邊欣賞這初春的喜悅，忽然撞到另一個賞鳥人。

「對不起！」我輕聲的說，免得驚嚇到樹上的小鳥。

回答我的竟然是草上飛，他也輕聲道：「沒關係，教授。在樹上唱歌的是什麼鳥？」

「綠繡眼。」我篤定的答道。

「喔……，我本來以爲這是麻雀。但想麻雀是褐色的，怎麼冬天一過，就變成綠色的。」草上飛的鳥類觀察有待加強。

「綠繡眼比麻雀小，而且身體上部的羽毛是綠色的，肚腹的羽毛是淺黃色，牠的眼睛有一道白色的眼圈，而且叫聲也不太一樣。」愛觀察野鳥的人，總有一肚子的鳥經。

「有意思，我雖然叫不出牠的名字，但是跟蹤這種鳥，已經有一段時日了！」

綠繡眼

- *綠繡眼身體長約11公分，是城市裡非常普遍的鳥，也能在低海拔的森林中活動，眼圈周遭的白環是牠主要的特徵。*
- *鳥類的覓食習性與嘴巴的形狀有關，這是自然界非常值得觀察的有趣現象。*

牠爲什麼要歌唱

這是我喜歡草上飛的原因之一，草上飛不知道鳥的名字，還觀察牠一陣子，觀察鳥比知道鳥的名字更重要。

「那你看到了什麼？」我問道。

「這是一種早起的鳥，所以樹上最新鮮的果子，就是被牠吃了。」

「沒錯，綠繡鳥是一早就出來覓食的鳥，而且大多吃樹木上面，充分照到陽光的果子。」

「還有，牠吃果子的姿態變化很多，好像是奧林匹克體操隊的選手，把樹枝當單槓用，在上面轉來轉去。」草上飛說到觀察的精彩處，眼睛都亮起來。

「好觀察力！綠繡眼是所有鳥類中，最擅長吃果子的，牠在枝幹上，身體幾乎可以依各種角度斜傾，去吃各種方位的果子，這是一種高度的平衡感。」我答道。

「牠的嘴巴又短又尖，叫起來的聲音高而短促，就像小雞啾啾叫。」草上飛邊講邊學小雞叫。

「綠繡眼的嘴形構造，正適合牠的覓食方式。綠繡眼經常成群的飛翔，牠們不斷的叫著，可以呼朋喚友，我想這種成群結伴的鳥是快樂的。」我答道。

「不只在平地上可以看到綠繡眼，在森林裡也可以看到牠的芳蹤。」草上飛接著講。

飛翔吧！小鳥

「綠繡眼無意中也成爲植物的播種者，牠所吃果子的種子，隨著牠在各處所拉的糞便而傳播。」

「天啊！那我們是不是該在植樹節時給牠們一個獎，感謝牠們的功勞。」草上飛建議道。

「綠繡眼不會在乎這些獎的，牠們既不種，也不收，大地卻按時給牠們各種果子吃，牠們已經快樂得不得了。來，我們再往前看，也許可以瞭解更多綠繡眼快樂的故事。」

我與草上飛跟著成群的綠繡眼向前走，不知不覺的，我們的腳步都變得很輕快。

大肚魚啊！
讓我來為妳唱首歌

大肚魚情歌

草上飛的輕功很不錯，他的歌聲也是一流的。那天，我在池塘邊看他撫弄著吉他，對著池水大聲唱著：「我的心愛，妳總是帶著迷人的微笑，在我面前穿梭，從來不對我一顧。妳所輕微散布的漣漪，卻在我心中留下多大的震盪……」。

我很少看到草上飛這副模樣，忍不住的好奇：「草上飛，你在對誰唱歌呢？」

草上飛說：「大肚魚啊！」

依我所知，好像沒有一首情歌是以大肚魚爲主題。在多數人的眼中，凡是菜市場不賣的魚，大概都不值得一提。不僅菜市場不賣大肚魚，連釣魚的人也不要這種魚。

草上飛的行爲是有一點與眾不同，我問道：「你爲什麼要對大肚魚歌唱呢？」

草上飛微微笑道：「因爲大肚魚是快樂的小魚，雖然沒有人在乎她，她總是在微笑。大肚魚爲何總是在微笑？」

* 菜市場所賣的魚，是人愛吃的魚類，但是有更多的淡水魚類與海水魚類，是人不愛吃的，在生態上卻有其重要的功能。如大肚魚的捕食孑孓，減少蚊子的災害。大肚魚的體長約5公分，肚子大大的是母魚，母魚身邊有時會有2-～3公分長的小魚，這是公魚。
* 魚的嘴巴大小、部位、弧度，與魚類的覓食方式深具關係，那是水域生態裡非常奇妙的平衡。
* 空氣中的氧氣溶解到水裡，是水中氧氣的主要來源，但是遭受污染時，水中的微生物爲了分解污染，會將水中有限的氧氣用盡，導致水中的魚類窒息死亡。空氣中的氧氣溶入水中，是先溶入水面，氧氣再慢慢的擴散到水中的其他深度，大肚魚經常貼著水面游，所以最先用到剛自空氣中溶入水中的氧氣。

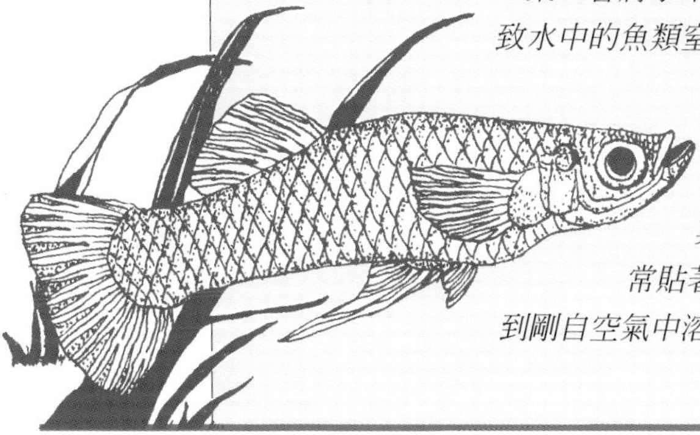

爲何大學裡開不出大肚魚心理學的課？

「唉！這是生物心理層次的問題，不是科學研究所能探討的層面，所以世界上沒有一所大學，能夠開授魚類心理學的課程。」魚的微笑竟成爲科學研究者的嘆息。

「難怪生物課本上，沒有大肚魚的笑臉這一課。」草上飛有一點失望。

「仔細的觀察大肚魚，會發現大肚魚的微笑，不一定是魚的心情好，而是大肚魚是天生的戽斗下巴，有個較大的下顎，支持向上的嘴巴，這樣大肚魚貼著水面游，就可以用這向上翹的嘴巴吃水面的食物。」我解釋道。

「就像這樣子嗎？」草上飛邊說邊把嘴巴翹起來給我看。

「魚的嘴型跟魚的攝食習性相關，水裡的魚，有的是嘴巴向下，像鯰魚的嘴巴，方便攝取水底的食物。有的是嘴巴向前，像吳郭魚的嘴巴，向前游到哪裡就吃到哪裡。大肚魚的嘴巴是向上的，可以吃上面的水藻。這樣上、中、下各方位的食物，都會被魚吃到，可以避免某一個方位的水藻長太多。」我忍住看到草上飛滑稽表情後的笑意，教授還是道貌岸然一點的好。

「沒想到魚的嘴型還有這麼多有趣的功能，如果每一種魚的嘴巴都被變成吳郭魚的樣子，那水域環境就劣化了。」

「是的，那時水面的蚊子幼蟲孑孓，就會有一大堆，造成日後蚊子過多的危害。」

就是欣賞妳的嘴巴

「孑孓在水面扭來扭去的，大肚魚的嘴巴是怎麼去吃孑孓的？」草上飛總是不經意的問到一些好問題。

「孑孓常常生長在臭水溝裡，臭水溝裡幾乎沒有氧氣，一般的魚類沒有辦法生存在這種環境中，但是大肚魚貼近水面游，可以呼吸到空氣溶解在水面的氧氣，進而攝食孑孓。」

「難怪，我在臭水溝裡看不到其他的魚時，還能看到大肚魚在水面上游來游去。」

「目前科學家還沒有算出一隻大肚魚，一天能吃幾隻孑孓，不過大肚魚吃孑孓，有時是用嘴直接吞食，有時是在孑孓的旁邊，猛然打開嘴巴，產生一股吸力，將孑孓迅速的吸入口裡。」

「大肚魚太棒了！」草上飛興奮的手舞足蹈。

「但是人類不太感謝大肚魚攝食孑孓的功能。二十世紀起，人類大量的使用殺蟲劑，殺了孑孓，也殺了大肚魚。結果現今人體內都有一些殺蟲劑的殘留。我們要減少蚊子的危害，最好的方法是排除積水，減少水污染，少用殺蟲劑，多讓大肚魚在水中爲生態平衡效力。」我繼續說道。

「那麼，教授，現在我可以再唱一遍給大肚魚的歌嗎？哦…我的心愛…」草上飛的吉他聲又響起。這次，水面上的大肚魚彷彿在側耳而聽。

千里洋流一孤舟——探討欖仁的奇妙

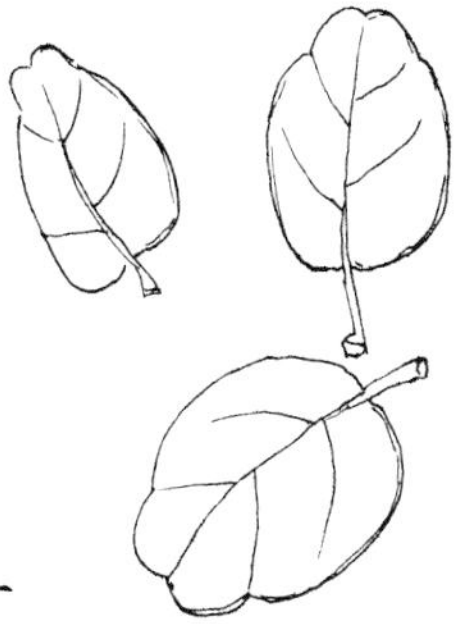

由一棵樹談起

與草上飛一起散步，是一件極具挑戰的事，因爲單純的他，總對周遭的一切都感好奇，不時的會提出一些問題。那一天，我們走過樹叢下，草上飛就從地上取個核果，問道：「這是什麼樹的果子呢？」

我看了一下就說：「欖仁樹的果子」。

草上飛驚呼道；「教授怎麼這麼厲害，瞄一眼就知道。」

我微笑道：「很簡單，因爲現在我們就站在欖仁樹下，而冬天剛過，結實的欖仁果本來就是會掉下來。」

草上飛抬頭看看樹，說道：「樹上又不寫名字，你怎麼知道這是欖仁樹？」

「我長期的觀察周遭樹木，欖仁樹的葉片在秋天時，就會轉紅落下，葉片長達25公分，寬至15公分，春天時欖仁樹的新芽，會依固定的角度，自枝幹上伸向天空，規律的像是數學上的等比級數，自枝幹基部的新葉收斂到枝頭的新葉上。」一講到數學，我激動的口水都噴出去。

草上飛把臉上的口水擦去，又問道：「欖仁樹有什麼特點呢？」。

「這種樹木可能原產於馬來西亞。現在你看的欖仁樹長在城市裡，是有點大材小用。欖仁樹的樹木硬可以抗風，也有耐鹽的生理機制，是適合生長在海岸邊的原生樹種。」我說明道。

「那爲什麼有人要把欖仁樹移植到內陸來種呢？」草上飛不解道。

「欖仁樹的葉大、樹幹大，提供遮蔭的效果好，而且早期的馬來西亞人，用欖仁葉治病，取樹皮當染料，連果核都可吃。現代當欖仁葉由綠轉紅時，仍有一些人在樹下撿葉子回家泡茶喝。」

「你相信欖仁葉眞的有藥效嗎？」草上飛眞愛問問題。

「近代是有一些研究報告提出，欖仁葉中具有化學物質，能夠治療肝病。但是這些仍在研究的階段，最好不要太早下定論。何況像個懶人似的在欖仁樹下等落葉，倒不如好好去運動，也能達到身強體健的效果。」

熱帶遷移性的種子

草上飛把欖仁果實拿在手上一陣子，忽然他發現：「咦！這麼高大的欖仁樹，怎麼長出的果實這麼輕啊？」

「這是一個非常關鍵的發現，多少大自然的奇妙就隱藏在其中。地球上的植物約有二十五萬種，但是種子泡在水中而不會腐爛的，只有二百五十種植物。」

「天啊！才千分之一。」草上飛驚呼道。

「種子能泡在海水中一年，不會腐爛的，更不到幾十種，而欖仁樹的果子就是其中之一。」我帶著佩服的眼光，看著欖仁果。

「哇！」草上飛驚訝的一時說不出話來。

「沒人能在海上漂浮那麼久，海水鹽分高，太陽又熾熱，夜裡又寒冷。即使是最好的船隻在海上幾個月，也需要有良好的配備與大量的補給品才能支持。但是欖仁果就一顆果子，隨著太平洋的洋流飄遊千里，直到異地的海灘，才發芽生長。」

愈是寶貴的就愈不隨便外露

「真是人不可貌相，果子不能靠吃相。這種菜市場或水果店不賣的果子，怎麼會有這般的本領？」草上飛感動了。

「其實許多人已經習慣了人工栽種的水果，而忽略了野生的果子，這裡隱藏了許多有趣的學問，請你把果子給我。」

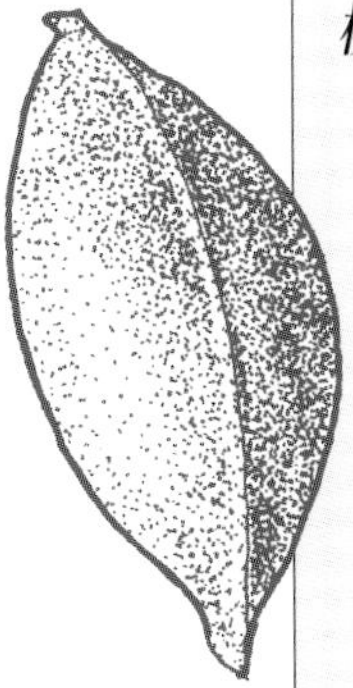

欖仁樹

- *欖仁果的果仁，類似杏仁，可以食用，故又稱為「熱帶杏仁」。果實長約5公分，外表類似橢圓形，落在水中時，可以漂浮在水面，落在地面上的欖仁果在下雨時，隨著地上的水流，流入地下水管，最後會進入河川，再流入大海。*
- *春天欖仁樹長的新芽，是幾近垂直的長向天空，由枝幹基部的較大新芽，一直延伸到枝頭的較小新芽，非常的奇特。*
- *植物是自然界許多已知或未知藥品的寶庫，在化學藥品還沒有盛行前，幾千年來植物是人類藥品的主要來源。但是有許多物質，吃少量是藥品，吃大量是毒品，所以除了藥效之外，還需要知道安全使用量。*

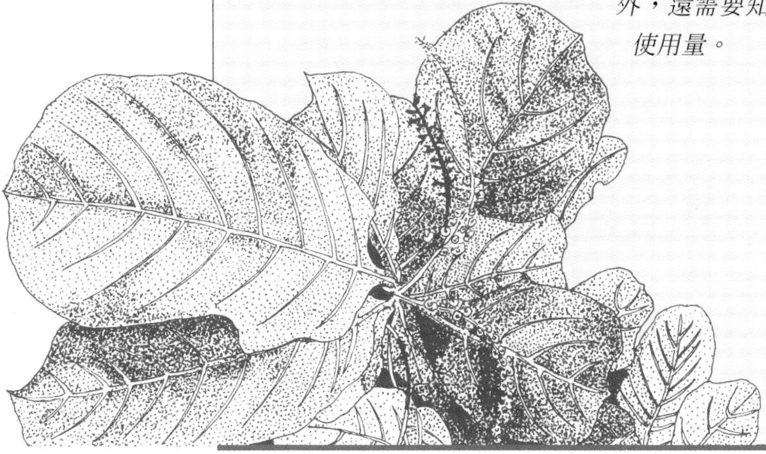

草上飛把欖仁果交給我。我用一把銳利的刀子，由果子的外皮切到果子的核心，這要用不少的力氣才能切入。

「你看，欖仁果的果實由四個部分組成，最外的一層是粗質的毛狀纖維，保護了外殼，第二層是像軟木塞一樣充滿了孔隙，這使得果子的重量減輕，能夠浮在海水上」。

「但是水也會藉著毛細作用進入軟木塞的孔隙裡，使果子的重量增加，向下沉到水底，不是嗎？」草上飛是有點概念。

「沒錯，但仔細的看這些軟木塞的孔隙，都有一層油脂，使得水不能滲入。第三層是薄薄的棕紅色，這是非常堅硬的一層，成爲避免外物入侵與海水進入的最後一道防線。第三層的裡面才是白色柔軟的核仁。欖仁樹未來要長出來，就全靠核心所含的遺傳基因與營養物質了。」

「眞是奇妙！」草上飛說道。

洋流知道我的好去處

「最早的欖仁樹是長在海岸邊，颱風與潮水將落下的果實帶到海洋，欖仁果隨著太平洋的洋流，可飄到太平洋沿岸的地方去生長，有些還飄到大西洋去。欖仁果長期的忍耐，保持住果核內的精華，直飄到一個適合生長的海灘邊，才由核內長出根來，抓住一小片的土地，才再長芽，向上成長。幾年後，就可以茁壯成爲一棵大樹，再長出果實，落下的果實又順著洋流去旅行，生養眾多。」我仔細的說明欖仁樹的一生。

「喔！我聽了好感動。」草上飛幾乎快哭了。

是的，生命眞的好美，值得我們珍惜與感恩，即使有時候表現得像欖仁果般的平凡。

在棉被底下與一隻臭蟲決鬥

吸血戰士

他腳穿功夫鞋，腿穿緊身褲，身披飛天衣，頭戴安全帽，我很少看到草上飛如此一身的勁裝。

「草上飛，你要去哪裡呢？」

「吸血戰士找上門來了，要找我單挑。」草上飛邊繫鞋帶邊說道。

「誰是吸血戰士？」我好奇的問道。

「武林界可怕的對手，經常晝伏夜出，專挑人的細皮嫩肉處，就一口咬下去，吸很多很多的血。我平常不太理他，不過這一次是他自己找上門來，在我的小腿上留下一封挑戰書。」草上飛把緊身褲往上掀，小腿上露出一個小小的紅點。

「這是臭蟲咬的傷口」我觀察後說道。

「臭蟲就是吸血戰士。」草上飛認眞的答道。

「臭蟲是不容易對付的，你要去哪裡找他決鬥呢？」我順著草上飛的語氣說下去。

「對了！這就是我的問題，這個傢伙眞沒禮貌，每次下挑戰書，都不寫決鬥的地點，搞得我撲了幾次的空。」草上飛生氣了。

「你愈生氣就愈找不到，你這一次要出去，也不知道自己要去的地方？」

臭蟲

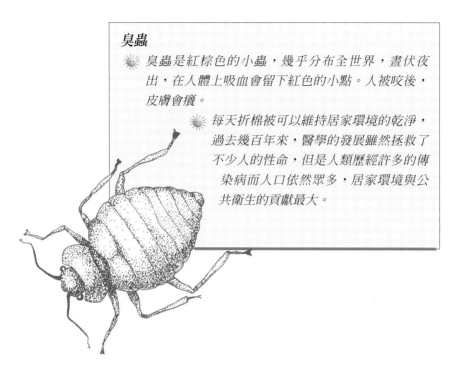

- 臭蟲是紅棕色的小蟲，幾乎分布全世界，晝伏夜出，在人體上吸血會留下紅色的小點。人被咬後，皮膚會癢。

- 每天折棉被可以維持居家環境的乾淨，過去幾百年來，醫學的發展雖然拯救了不少人的性命，但是人類歷經許多的傳染病而人口依然眾多，居家環境與公共衛生的貢獻最大。

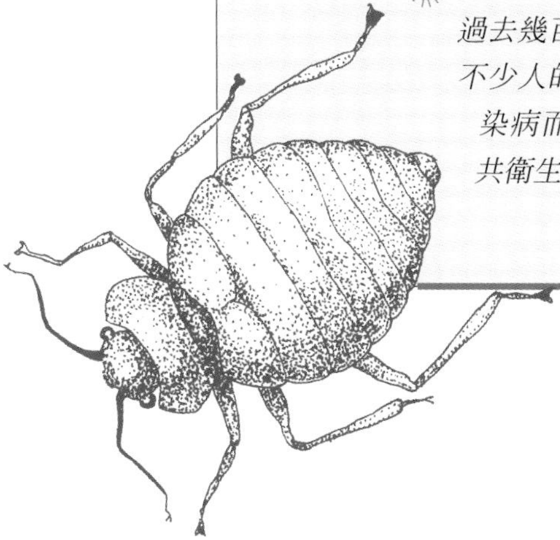

「是的。」草上飛難過的點點頭。

「能不能告訴我，你以前去找臭蟲的地方？」我決定要幫草上飛。

尋找敵蹤

「我曾經在屋子的牆角，找到一群正在搬東西的昆蟲。」草上飛回憶道。

「那是螞蟻，不是臭蟲。」

「後來我又在廁所裡，看到磁磚牆壁上站著一隻帶翅的蟲。」

「那是蛾蚋，根本不會咬人。」

「我又在廚房的放米處，看到一隻鼻子長長的黑色蟲。」

「那是吃米的象鼻蟲，不要以爲人家鼻子長就會吸血。」

「後來我在書堆裡又看到一隻銀白色的蟲，這種蟲長了兩根很長的觸角，好像平劇裡演呂布的武生頭上所戴的一對長鬚。」

「哪是吃書的衣魚，衣魚根本不吸血。」

「最近的一次，是我在餐桌的水果上，看到停了一隻赤紅大眼，全身長毛的昆蟲。」

「唉！那是紅眼睛的大頭麗蠅，牠的眼睛並不是吸血吸紅的。」

「你看家裡面有這麼多的昆蟲，我就是不知道臭蟲在什麼地方。」草上飛沮喪的說。

「我知道臭蟲在哪裡！」我對草上飛說。

「太好了，快告訴我，我立刻去找他。」草上飛興致又來了。

「臭蟲身體的長度約0.6公分，沒有仔細看是看不出來的，這種蟲經常躲在棉被裡，等到人在睡覺時就出來咬人吸血，人被咬後皮膚會留下一個紅色的斑點，不僅很癢，有時還會染上臭蟲身上所帶的傳染病。」我解釋道。

「原來吸血戰士躲在棉被裡，趁人睡覺時出來偷襲，不正面一對一的決鬥。如果臭蟲會躲在棉被裡咬人，人爲什麼還要用棉被呢？」草上飛繼續問道。

每天要折棉被的原因

我面露喜色，說：「這是一個精彩的問題。人類使用棉被已經有幾千年的歷史了，可能還很少人，會像你思考正確使用棉被的方法。」

「以前我媽媽就說我很聰明，很會思考。只是後來大家都說我輕功好，喜歡看我飛，會思考就好像不重要了。」草上飛得意的說道。

「棉被可以給人保暖，並且幫人固定睡姿，人若是睡覺時，連同棉被從床上滾下來，也比較不會受傷。有時也可以供給小孩在棉被內玩躲貓貓的遊戲。」

「棉被實在有用。」草上飛點頭說道。

「但是經過一夜的覆蓋，棉被內的溫度與濕氣都較高，加上一些從人身上掉下的灰塵、皮膚、髮毛，棉被裡反而成了滋生臭蟲與跳蚤的地方，棉被裡面的空氣也不新鮮。」

「難怪我媽媽說，睡覺時不要用棉被蓋住頭部」草上飛會舉一反三。

「所以我們每天上午起床時，如果不把棉被翻開又折好，幫助棉被透透氣，會使得棉被成爲家裡髒亂的死角，對自己的健康也有害處。」

臭蟲的剋星

「原來如此，我現在知道去那裡找臭蟲決鬥了！」

「你帶什麼武器呢？」我問道。

草上飛把原來放在披風裡的殺蟲藥拿出來，並說：「我根本不需要用這藥，只要每天把我的棉被折好就可以了。」

眉毛是座落在最佳捕手的位置上

眉毛爲何不能用來刷牙

「眉毛爲什麼要長在眼睛的上面呢？」草上飛看著鏡子說。

「眉毛如果不長在眼睛的上面，那要長在哪裡比較好呢？」我問道。

「唔……眉毛如果長在中指上，我們就可以用眉毛來刷牙了。」草上飛的看法總是很天真。

「但是這樣用手拿東西就不方便了。」我提醒他。

「噢，眉毛如果長在嘴唇上，我們就不用常常刮鬍子了。」

「但是人的嘴唇弧度是中間高左右兩邊低，眉毛是一端低，伸延到一半後才又略向上翹起，末了又趨於水平，這樣兩種不同的線條搭配在一起，可能會不太好看。」我解釋道。

「那眉毛長在眼睛上方有什麼用呢？」草上飛問道。

「眉毛的用途至少用五點：第一、眉毛的彎曲像拱形，可以配合眼睛的位置，給眼睛與眉毛之間增加一些陰影的效果，使得眼睛看來更大，更有精神。」我說明道。

「天啊！教授好像很懂美容似的。」草上飛驚訝的揚起眉毛。

我看了草上飛的臉部表情，繼續說道：「眉毛第二個用途，是可以增加人臉部表情的豐富度，成爲一種喜怒溝通的輔助，例如人快樂的時候，會喜上眉梢，憤怒的時候會橫眉怒目，美一點是眉目如畫，帥一些是眉清目秀。可見眉毛在表情上給別人的印象之深。」

「教授是學中文的嗎？不然怎麼出口成章？」草上飛眞會誇獎人，我劍眉一揚再繼續講下去。

無與倫比的最佳位置

「眉毛的第三個優點，是可以擋住頭上部分的汗水，使汗水不會直接流到眼睛裡。尤其在滿頭大汗時，眉毛的毛彎曲又服貼，可以增加汗水在額頭上流動的阻力，又可以藉著眉毛之間的孔隙，攔住一部分的汗水。」

「但是眉毛如果要擋住汗水，就應該長的離眼睛高一點，在額頭的上方早一點接住汗水。」草上飛反問道。

「眉毛如果只爲了承接汗水，眉毛是應該長在額頭的上方。但是眉毛還有第四個功能，就是靠近眼睛，攔阻灰塵進入眼睛。當風攜帶灰塵接近眼睛前，比眼睛略長的眉毛就會對風產生亂流作用，使得灰塵亂飛，不會直接進入眼睛，眉毛散不開的少數灰塵，還有眼睛正前方的睫毛再去攔阻。」

眉毛

- *人類最古老的化妝法，可能就是在眉毛與眼睛之間，塗上深藍的彩飾，古代埃及金字塔中的木乃伊，就有這種化妝。*
- *如果仔細觀察，人臉部表情的喜、怒、哀、樂都需要有眉毛的配合。*

「眉毛高可以擋住汗水，眉毛低可以擋住灰塵，那麼眉毛怎麼會長在眼睛上方一到兩公分的位置呢？」草上飛愈問愈有深度。

「那是眉毛擔任擋住汗水與擋住灰塵雙重功能的最佳捕手位置，而且眉毛不會擋住人的視線。眼睛再怎麼努力的往上看，眉毛就在人的向上視線達不到的死角，這是眉毛第五個功能，也是眉毛最有趣的地方。」我回答道。

因眉毛而感恩

「爲什麼眉毛知道那是保護眼睛，又不會妨害視線的最佳位置呢？」草上飛繼續問道。

「我無法回答這個問題。」我答道。

「什麼？教授也會有答不出問題的時候？」草上飛訝異的揚起左右兩道眉毛。

「是的，眉毛再長一點，短一點，高一點，低一點，只會給眼睛帶來一些不舒服，但是不會使人因此就無法生存。事實上世界上每個人的眉毛都存在著一些差異性，使得人更容易彼此辨認。眉毛的存在，與座落在眼睛上方的最佳捕手位置上，是一種奇妙的奧秘，是值得爲生命感恩的一件事！」

我看到一顆小籠包在微笑

他把小籠包給弄累了

有一陣子沒有看到草上飛了，不知道他又飛到哪裡去了，也許他打敗了自己家裡的吸血戰士後，連左右鄰居，親戚朋友家裡的吸血戰士，他都通通掃蕩了，草上飛是個古道熱腸的輕功高手。

再看到草上飛的時候，他正站在一家江浙小館的門口外。

「在這裡做什麼呢？」這問題問得有點傻，人在餐館的門口外站著，不是等吃飯，還有什麼別的目的？但是草上飛的表現，經常不按牌理出牌。

「教授，你好，我在這裡看師傅作弄小籠包。」

「不是作弄，是製作。」我趕緊更改他的用詞，免得師傅聽了生氣。

「你看那人把酵母加進麵粉中又搓又揉，在豬絞肉裡拌入蒜頭和蝦米，先把麵粉給搞累了，再把豬肉餡兒放到麵粉裡，然後又是一陣的揉搓，再把揉好的小團放在一個竹籠裡，竹籠裡竟還躺著一條不大不小的黃色布。那人又把籠子疊起來放在熱水上蒸，蒸得竹籠裡外全是霧，蒸得黃布上下濕答答，蒸得籠裡小包子味道四溢，你看這餐館是不是虐待小籠包的所在？」草上飛大概已在這裡觀察一陣子了，竟把製作小籠包的重點全說盡。

竹籠是中國烹調裡的怪兵器

「不是的，你看那個竹籠子，中國人幾千年來都是用竹製的器具蒸食物。」我解釋道。

「爲什麼呢？」草上飛不解道。

「蒸是一種利用水蒸氣煮食的方法，煮開熱水所蒸發的水氣是帶著高熱的，因爲竹子裡面含空氣，空氣的溫度很容易被升高，所以水蒸氣向上經過竹籠時，很快的就把竹籠的溫度給提高，竹籠子裡包子就在高溫下蒸熟。這不是虐待包子，而是讓包子蒸熟。」要解釋蒸煮的科學，必須從竹籠開始說起。

製作包子

- *水的比熱大，所以水沸騰時所蒸發的水蒸氣帶有很大的熱量，藉此可以將熱量傳給包子，將包子蒸熟。*
- *麵糰必須發酵後才能製作包子，發酵是一種微生物的作用，發酵的過程中酵母會產生二氧化碳與酒精，不過在蒸熟過程中包子內的酒精會被蒸發掉。*

「只是要蒸熟包子，竹籠裡爲何又要放一條看來有點泛黃的布？」草上飛問道。

一條紗布變化多

「好問題。那條布本來是白色的紗布或棉布，用久了染上肉汁，才變黃的。在竹籠裡放條布可以保持包子的熱度，因爲竹籠裡有很多空氣，空氣容易提高溫度，也容易

散失溫度。竹籠裡放一條容易吸水的布，將水蒸氣攔下，把水吸在布裡面，水的溫度不容易提高，水的熱量也不易散失。小籠包子蒸熟後，水關掉後，竹籠子很快會冷卻，但是竹籠覆蓋下的濕布仍是熱的，會繼續保持小籠包子在溫熱的狀態下。客人比較喜歡吃溫熱的小籠包。」我是喜歡小籠包的人，所以知道客人的要求。

「沒想到籠子裡的那塊布，還有這麼多學問。」

「當然囉！那是中國千年的智慧。」

「那麼我看客人吃小籠包時包子裡面好像有水有汁，又有空隙。但是師傅把肉餡塞進包子時明明塞得很緊，怎麼蒸熟之後，小籠包變得如此鬆軟？」草上飛追問著。

「問得好，成爲一個教授的最大樂趣之一，就是能夠聽到這種高水準的問題，雖然許多人乍聽之下，會以爲這問題不三不四，但其實是很有趣。」我聽到這問題，不禁高興得手舞足蹈。

「是啊！就像我能找到個高手，比賽輕功飛行，無論輸贏，享受過程，也很快樂。」草上飛也高興得手舞足蹈。

就是那麼的鬆軟

「小籠包在蒸熟的過程中，蒸氣使得麵粉中的二氧化碳（在發酵時酵母所產生的），發生膨脹的效果，所以包子的外皮會變大。包子內所包的豬肉、蒜頭、蝦米，在蒸熱時會縮水，體積變小。小籠包外面的麵粉部分在膨脹，裡面的肉餡部分在縮小，裡外之間就多了不少的空隙。這空隙裡就含著肉餡的汁，與部分肉汁所蒸發的氣體，肉汁的味道、麵粉的味道與竹子蒸出的味道，就合組成小籠包特殊的香味。」我解釋道。

「難怪師傅把肉餡放入麵粉團時，還搓捏外皮一陣，原來是怕肉餡與外皮之間有破洞，將來的肉餡汁與香味會由破洞之處漏掉，小籠包也就陷下去了。」草上飛舉一反三推論道。

「沒錯！小籠包遇熱膨脹時，底層的部分由於被肉餡的重量所壓，所以膨脹的部分較小，吃起來也較緊密。這就構成小籠包的外皮吃來有鬆有緊，肉餡吃來有肉有汁，口味十足。」我繼續向前推論。

熱科學是解題的思考關鍵

「眞是優美的傑作，眞沒想到中國食品的製作可以發揮到如此的奧妙，眞是藝術！」草上飛讚嘆道。

「如果明白熱的科學，就可以貫通中西方各種蒸、煮、炒、煨、燜、炸等烹調法了。」我微笑道。

「也包括能夠解釋美國來的薯條、漢堡、炸雞腿嗎？」草上飛問道。

「那當然，當雞腿沾上炸粉時，放入高溫的油鍋，炸粉的內外其實承受兩個不同的溫度……」

我與草上飛邊講邊往附近的一家漢堡店走去，沒想到飯館裡的師傅跑出來，在後面大叫道：「喂！你們在我店門口講了那麼久，也不進來吃嗎？」

我與草上飛相視一笑，轉身回到江浙小館，草上飛大叫：「來一籠小籠包！」

如何成為科學偵探？

虎膽妙算

看到草上飛時，他顯得有點憂愁，「怎麼啦？」我問他。

「這年頭，犯罪的案子愈來愈多，智慧型的罪犯愈來愈狡猾，即使我有快速的輕功，面對一些犯罪案，還不知道由哪裡追蹤起？」草上飛說道。

「在偵探犯罪上，科學的觀察力可以幫上不少忙，甚至找出破案的關鍵。」我取下自己的眼鏡，邊擦拭鏡片邊說道。

「能舉個例子說明嗎？」草上飛問話的聲音充滿了盼望。

我慢慢的把眼鏡戴上去，緩緩的說道：「你今天早晨吃的是麵包夾海苔，你又到了超商買了一份報紙看，在路上還踩到狗屎，而你並沒有看到是哪隻狗拉的屎，對不對？」。

「天啊！你眞是神機妙算。你是怎麼知道呢？」草上飛驚訝的張大眼睛。

「這沒什麼，你的褲子上摺痕仍留著一小片麵包屑，看來還是新鮮，你剛剛跟我講話時，齒縫裡有一小片的黑色海苔，所以我想你早上吃的是麵包，又夾了海苔。」我輕描淡寫的說道。

「麵包夾海苔是我特殊的吃法，沒想到就被你猜出，下一次我飯後會刷牙。」

「我看你右手的大姆指有些淡淡的油墨，只有拿過印刷品質較差的報紙，才會留下油跡，並且你一開口就講治安太差，這是剛看報紙後的自然反應。也許你現在褲子口袋裡微凸的小團，正是超商給你的統一發票。」我繼續推測著。

偵探科學

- 偵探科學是靠準確的證據採證去思索，而非憑空的推論。爲了準確的採取證據，細心的觀測是必要的，甚至可以用實驗重新模擬發生現場的過程。
- 頭髮在顯微鏡下觀測，即可以看出不同毛髮的差異性。
- 生物的證據是尋找每個人獨特的部分來區分，除了指紋、基因、血型與精子之外，人的牙齒咬合，指甲的紋路，指頭的特殊長短比例等，都可以注意，不過科學的採證要成爲法庭上具有公信力的證據，還需要專家的解說與判案法官的瞭解。

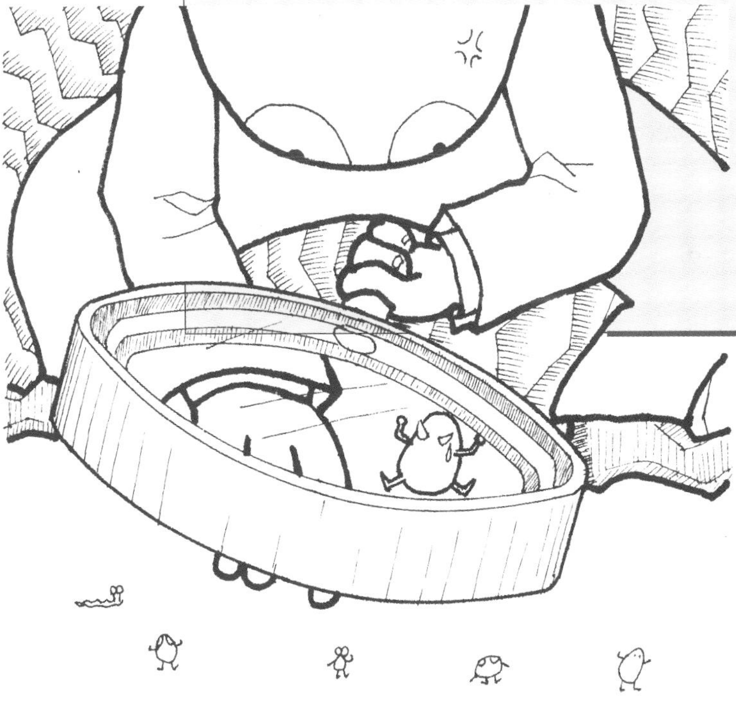

「我留著統一發票，是準備對獎用的。」草上飛說。

「我看到你的鞋子後跟還留有一點狗糞的痕跡，所以我猜你踩過狗糞，而且狗糞看來乾燥，所以你踩到時，狗已經離開一段時間了。」

「眞妙！」草上飛鼓掌道。

物理的思索

「這沒什麼，在與罪犯鬥智上，科學偵探要考慮的更多。」

「要考慮哪些方面？」草上飛追問道。

「有五方面，第一是物理科學性的思考，例如摩擦的軋跡，常是破案的關鍵，由車禍前煞車的胎痕方向、深淺與距離，就可以知道肇事者車開多快；由歹徒留在地面上鞋印的大小，就可以知道對方長多高，體重多少；由對方留在現場的子彈彈痕，就可知道所用的手槍，因爲每一把手槍的槍管，都有特殊的彈道摩擦痕；由比對車子撞擊所產生凹痕與掉落的油漆，可以找出車禍後逃逸的車輛與犯罪者。」

「有意思，科學偵探的第二方面呢？」草上飛繼續問道。

2002
20

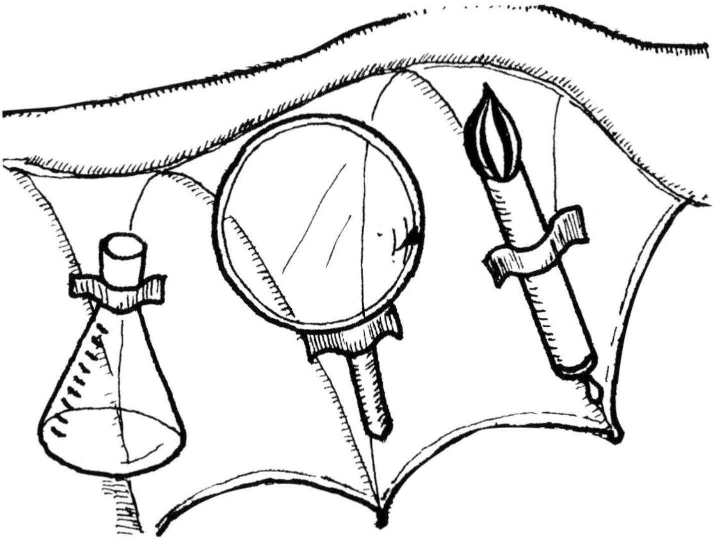

化學的分析

「第二方面是化學性的思考，例如在兇殺的現場噴上硝酸銀，硝酸銀與人體汗水中的氯化鈉起反應，迅速產生氯化銀的黑色痕跡，這就是顯出指紋的方法；另外每一個人的頭髮所含化學組成都不同，由現場所留毛髮的化學分析，例如：毛髮上的油脂鑑定、毛髮角質層的比較，經常可以獲得一髮破奇案的結果。」

「精彩，那第三點呢？」

生物的證據

「第三點是生物特徵性的思考，例如遺傳基因排列、血型與精子的鑑定，這在偵破強暴犯罪上特別有用。因爲每個人都是獨特的，犯罪所留下的生物性痕跡是最好的證據。有時犯罪者所用犯罪工具是刀，如果刀柄是木頭製的，每一棵樹木都有其特殊的紋路，可以檢查折斷刀柄的另一段，甚至由刀柄木頭的品種，推測兇手是由哪裡採購的。」

「哇！有深度，第四點呢？」草上飛顯然對以科學的偵探打擊犯罪，深感興趣。

心理的解析

「第四點是犯罪心理學的思考，推測犯罪者的想法，是破案的關鍵之一。許多罪犯會故布疑陣，或是事後回到現場當旁觀者，或是裝瘋賣傻，或是故犯小罪進入監獄，避人耳目，或是製造犯案時人在他處的證據，或是假裝自己也是受害者，反陷害他人，或是加速離開現場，這些反成提供破案的關鍵。偵探者需要反覆的推敲，根據犯案者可能的教育程度、工作背景、家庭關係、地緣認識、精神狀態去加以綜合思考。」

「請再講下去。」草上飛是好偵探的候選人，一邊聽，一邊記筆記。

誘因的分辨

「第五點由犯罪的誘因去思考。犯罪的行爲一定有個動機，爲了錢？爲了色情？爲了名利？爲了仇恨？若爲了錢，就檢查錢的流向；若爲了色情，檢查受害者周遭的男女朋友；若爲了名利，檢查打倒受害者的最大受利者；若爲了仇恨，檢查過去發生的糾紛。隱藏的事情沒有不顯露的，走過的地方必留下痕跡。這是科學偵探者捍衛正義的最深信念。」

「佩服，佩服，我現在才知道學物理、化學、生物不是只爲了考試，在生活中實在有用，包括在探究科學上。」草上飛説道。

好公民的重要

「末了的一個問題，教授，你爲什麼不去開一家偵探公司？或是科學破案社呢？」草上飛繼續問。

「破案不是減少犯罪的唯一方法，還需要有人去當老師，教人做個好公民。否則光有這些有知識的人，也可能淪爲挖人花邊新聞的狗仔隊，那是知識的浪費。」

給孩子

怪盜草上飛能夠飛簷走壁，來無影去無蹤的進出任何地方，如入無人之境，靠的就是一流的輕功。沒想到卻一頭栽在未來世界的智慧大樓裡，與基因改良品種的豬相撞，又偷吃可以治病的水果，被機器狗追趕，最後被警察開罰單，理由是：飛行太慢，妨礙交通。

捺A按呢？草上飛碰到的怪事還不止如此而已。包括：令草上飛自嘆不如的蚊子（會倒著飛、仰著飛），草上飛如何查出蚊子的「罩門」而贏得比賽？海水的侵蝕力強，為什麼欖仁樹的果實卻能泡在海水中一年，而不會腐爛？小籠包的美味深印在全球華人的基因裡，製作小籠包除了蒸籠、麵皮、餡、手藝之外，一塊泛黃的紗布可是大有學問呢！

小朋友，快隨草上飛一起去見識吧！

一起玩・一起學

活動 1. 分辨神秘粉末

草上飛太臭屁，自比天下無敵，宇宙無雙的超級大偵探。可是一旦誤闖入劉媽媽家的廚房，面對一大堆未寫上標籤的白色粉末卻束手無策，你能幫忙嗎？

紀錄表（一）

	名稱	小蘇打粉	洗衣粉	白砂糖	鹽	奶粉	味精
觀察項目	顏色						
	氣味						
	摸						
	嘗						
	加水						
	加醋						

完成表（一）堪稱天下無敵，再試試第二關吧！

紀錄表（二）

	名稱	麵粉	太白粉	地瓜粉
觀察項目	顏色			
	氣味			
	粗細			
	加水調成糊			
	加入水中加熱			

通過第二關，果眞是宇宙無雙啦！佩服，佩服！

本實驗材料除洗衣粉外皆可食用（嘗一、二粒洗衣粉並無太礙）。
實驗時，並不鼓勵輕易以口嘗味道，須確知安全，才放入口中。

活動 2. 聲音的魔法

器材 外出型手提式錄音機、錄音帶

方式

錄下平日常常發生，但容易忽略的聲音，如：除溼機運轉聲、電扇轉動聲、淘米聲、水龍頭流水聲、裝熱水瓶的聲音、拉窗簾的聲音、關門聲、沖馬桶聲、小便聲、爸爸鼾聲、汽車聲、摩托車啓動或煞車聲、鳥叫、蛙鳴、蟬鳴聲……

把所有聲音播放出來，親子一同來猜測所發出的是什麼聲音。很有趣唷！

活動 3. 我會用心觀察

器材　　雞蛋一枚

方式

仔細觀察一枚雞蛋，畫出它的外型，並仔細描述。敲開蛋殼，觀察內部，畫出來，並仔細描述你看到什麼？

活動 4. 我會做雞蛋料理

器材 雞蛋二、三枚（倘若失敗可以繼續努力）、平底鍋、電磁爐、鹽、鍋鏟、盤子、油少許。

方式

一、平底鍋加熱，放入一匙沙拉油，直到出現油紋。倒入活動三的雞蛋。（可以直接倒在平底鍋內煎荷包蛋，若蛋黃破裂也可成爲炒蛋。）

二、熄火。放少許鹽或番茄醬，盛在盤中。

三、夾吐司或單獨吃都很美味。

活動 5. 知識寶庫

隨著草上飛與張教授果然增廣見聞，增加不少見識，所以我知道下列事物彼此間有相關：

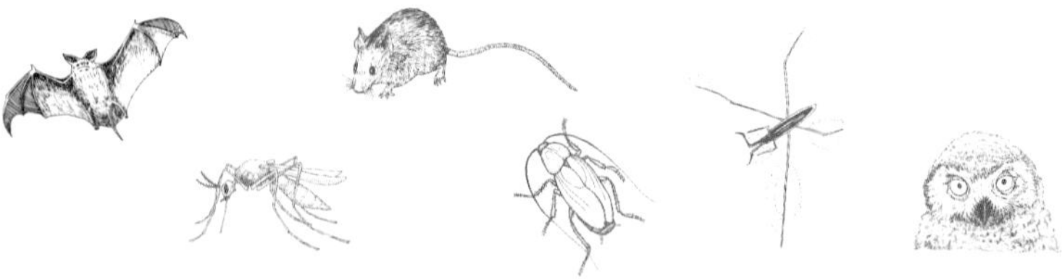

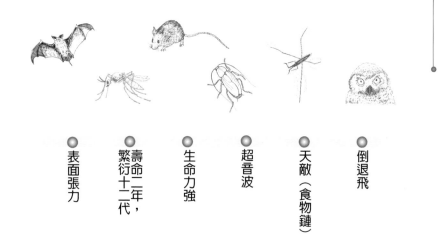

- 表面張力
- 壽命二年，繁衍十二代
- 生命力強
- 超音波
- 天敵（食物鏈）
- 倒退飛

給家長

草上飛所經歷的未來世界，並非科幻小說中的想像情節，它們其實已經陸續成爲現在進行式。只是生產製作的成本較高，而穩定性仍有待加強，尚未量產普及而已。電子防盜系統、電子柵欄、太空視訊、自動感應空調系統⋯⋯，已是智慧建築的基本配備。動、植物的基因改良在實驗室中已研發成功，部分成果並且已經量產。

親愛的家長，爲避免成爲L.K.K.，快隨著草上飛的童心未泯，陪著孩子仔細觀察周遭所發生的人與事（例如：水黽、蚊子、製作小籠包⋯⋯）。除了讚嘆科技文明帶來的快速改變外，更學會欣賞大自然造物者的巧妙安排，（如：眉毛生長的位置與功能、欖仁樹的種子），並且爲生命感恩！

作者以趣味筆法帶領我們思考的是嚴肅的生命問題，很適合親子共同閱讀及討論。

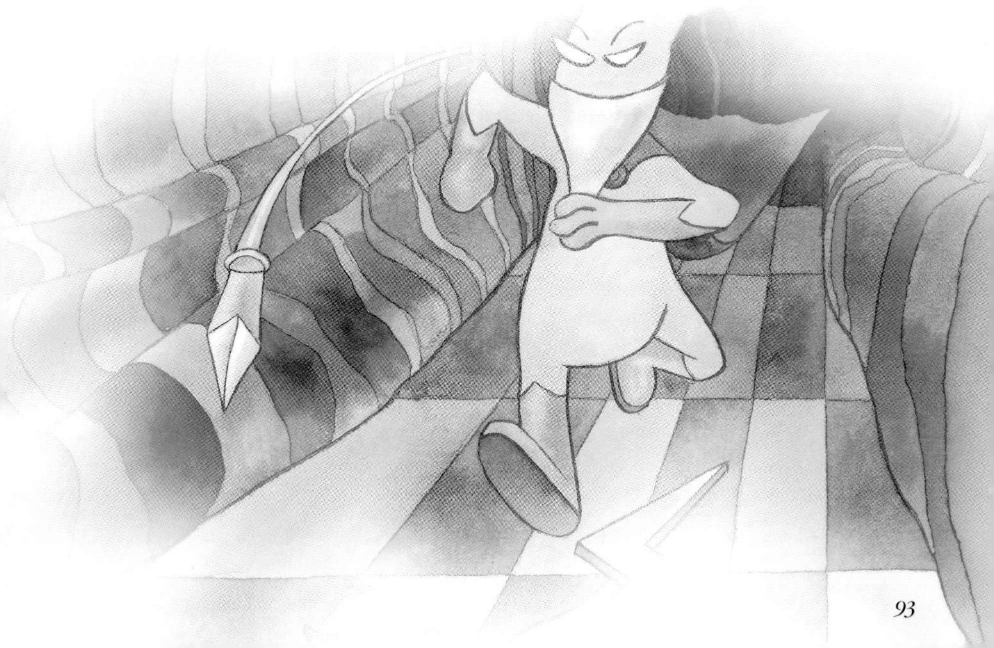

老師的教學運用

草上飛是作者虛構的人物，他童心未泯，充滿好奇，所以能帶領讀者進入作者所安排的故事情節中。本書除了輕鬆有趣又搞笑之外，其實是很好的科學類讀物。看似不相關的主題元素，卻串起科技文明產品的介紹、日常生活潛藏的科學原理、動物行爲、植物特殊構造，甚至人體構造之美。

本書可供運用於九年一貫課程，各領域之素材十分豐富。

以下提供主題教學實例，供教師參考之。

學習領域統整圖

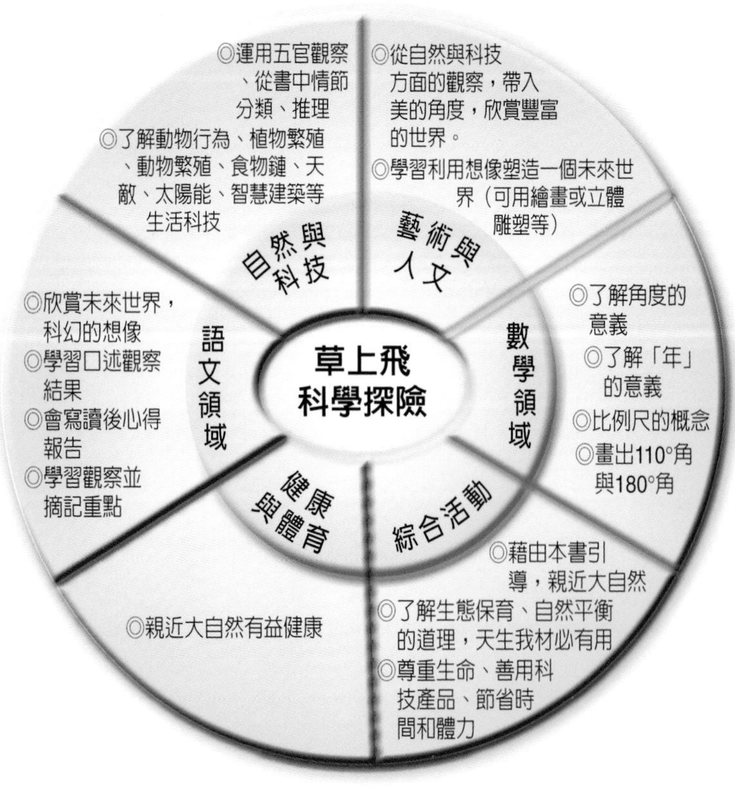

草上飛
科學探險
自然與科技
◎運用五官觀察、從書中情節分類、推理
◎了解動物行為、植物繁殖、動物繁殖、食物鏈、天敵、太陽能、智慧建築等生活科技
藝術與人文
◎從自然與科技方面的觀察，帶入美的角度，欣賞豐富的世界。
◎學習利用想像塑造一個未來世界（可用繪畫或立體雕塑等）
數學領域
◎了解角度的意義
◎了解「年」的意義
◎比例尺的概念
◎畫出110°角與180°角
綜合活動
◎藉由本書引導，親近大自然
◎了解生態保育、自然平衡的道理，天生我材必有用
◎尊重生命、善用科技產品、節省時間和體力
健康與體育
◎親近大自然有益健康
語文領域
◎欣賞未來世界，科幻的想像
◎學習口述觀察結果
◎會寫讀後心得報告
◎學習觀察並摘記重點

一起玩・一起學參考答案

紀錄表（一）

名稱		小蘇打粉	洗衣粉	白砂糖	鹽	奶粉	味精
觀察項目	顏色	白色	白色	白色	白色	乳白色	白色
	氣味	無味	香味	香	無味	香味	無味
	摸	細細的	黏黏軟軟	粗粗的	細細的	滑滑的	細細的
	嚐	無味	澀味	甜	鹹	微甜	鹹
	加水	上面透明下面沉澱	起泡	溶解	溶解	白色	部分溶解
	加醋	大量起泡	起泡	溶解	溶解	混濁	部分溶解

紀錄表（二）

名稱		麵粉	太白粉	地瓜粉
觀察項目	顏色	象牙白	最白	白色
	氣味	無味	無味	無味
	粗細	稍細	最細	最粗
	加水調成糊	可以捏成糰，有彈性	不能捏成糰	不能捏成糰
	加入水中加熱	淡黃色，很黏	透明，很黏	半透明，很黏

注意事項：

(一) 答案僅供參考，請以自己實驗觀察的結果爲準。

(二) 可延伸增加其他粉末，但仍以安全爲主。

(三) 再三提示兒童面對未知的任何物品，切勿以口舌嘗試。

Let's Read 讀讀樂30【自然科技類・高年級】

草上飛科學探險

2002年10月初版 定價：新臺幣180元
2009年7月初版第五刷
2017年4月二版

		故事	張文亮
		繪圖	溫麟玉
活動、導讀、教學運用	九年一貫課程教學研究會	總編輯	胡金倫
顧問群	林麗麗、林月娥、吳望如、胡玲玉、莊春鳳	總經理	羅國俊
	劉吉媛、鄒敦怜、顏美姿	發行人	林載爵

出版者	聯經出版事業股份有限公司	責任編輯	黃惠鈴
地址	台北市基隆路一段180號4樓		高玉梅
台北聯經書房	台北市新生南路三段94號	校對	劉玉芬
電話	(02)23620308		
台中分公司	台中市北區崇德路一段198號		
暨門市電話	(04)22312023		
郵政劃撥帳戶第0100559-3號			
郵撥電話	(02)23620308		
印刷者	世和印製企業有限公司		
總經銷	聯合發行股份有限公司		
發行所	新北市新店區寶橋路235巷6弄6號2F		
電話	(02)29178022		

行政院新聞局出版事業登記證局版臺業字第0130號

本書如有缺頁，破損，倒裝請寄回台北聯經書房更換。 ISBN 978-957-08-4918-9 (平裝)
聯經網址 http://www.linkingbooks.com.tw
電子信箱 e-mail:linking@udngroup.com

國家圖書館出版品預行編目資料

草上飛科學探險／張文亮故事．溫麟玉繪圖．
二版．臺北市．聯經．2017.04
96面；14.5×21公分．
(Let's Read 讀讀樂．自然科技類．高年級；30)
ISBN 978-957-08-4918-9(平裝)
[2017年4月二版]

1.科學教育 2.小學教學

523.36 106002809

Let's Read
讀讀樂

Let's Read
讀讀樂